LA ÚNICA ESPERANZA DE TED

–¡Eres una gran amazona, Lucy! –exclamó Elisabet entusiasmada–. ¡Estoy segura de que, si participaras, ganarías el primer premio!

–No puedo –declaró Lucy con cierto desfallecimiento–. Me gustaría ayudarte a conservar a Trueno, Ted, pero me es imposible hacer lo que me pides.

–¿Qué ha de hacer? –preguntó Ellen, acercándose montada en Nieve.

–Queremos convencer a Lucy para que monte a Trueno en mi lugar –explicó Ted.

–Pero *no puedo* –repitió Lucy en tono desolado.

–Dirás que *no quieres* –se mofó Ellen–. ¡Sabía que sólo presumías, Lucy Benson! Es muy fácil presumir de algo cuando no has de demostrarlo. Pero ahora tienes miedo de fracasar en el concurso de saltos, ¿no es así?

Lucy cuadró la mandíbula.

–¡No es cierto, Ellen!

–No importa –intervino Elisabet en tono apaciguador–, lo comprendemos.

Aunque Elisabet no estaba *muy segura* de comprenderlo. ¿Acaso Lucy no se daba cuenta de que ella era la única esperanza de Ted?

LAS GEMELAS DE SWEET VALLEY

CON LAS RIENDAS FIRMES

Escrito por Jamie Suzanne

Creado por
FRANCINE PASCAL

Traducción de
Conchita Peraire del Molino

EDITORIAL MOLINO
Barcelona

Título original: LUCY TAKES THE REINS
Copyright © 1991 by Francine Pascal

Concebida por Francine Pascal
Cubierta de James Mathewuse
Diseño de Ramón Escolano

Sweet Valley es una marca registrada por Francine Pascal

Derechos reservados para su distribución exclusiva en
todos los países de habla española excepto México

© EDITORIAL MOLINO 1995
de la versión en lengua castellana
Calabria, 166 08015 Barcelona

Depósito Legal: B. 37.136/95
ISBN: 84-272-4645-5

Impreso en España   1995   Printed in Spain

LIMPERGRAF, S.L. – Calle del Río, 17 nave 3 – Ripollet (Barcelona)

I

–¡Nunca más podré dar un paso! –se quejó Jessica Wakefield.

Tendida de espaldas sobre una manta de excursión, cerró los ojos.

–¿Cuántos bocadillos de salchichas te has comido? –le preguntó su hermana gemela Elisabet, mientras ayudaba a la señora Wakefield a recoger los restos de la comida familiar.

–Tres –murmuró Jessica.

–¿*Tres* bocadillos de salchicha?

–Tenía hambre –se defendió Jessica–. Tanta natación me ha dado hambre.

–La próxima vez que volvamos de excursión al lago Secca traeré más comida –comentó la señora Wakefield con una sonrisa mientras cerraba la tapa de la nevera portátil.

–Vamos, Jess –dijo Elisabet, levantándose y tendiendo una mano a su hermana–. Conozco un sistema infalible para librarte de todas esas calorías.

Jessica abrió un ojo.

7

–¿Una siesta?

–¡No! ¡Una caminata! En el bosque hay un sendero para caballos que rodea el lago. He pensado que, si lo recorremos, quizá veamos algunos caballos.

Jessica volvió a cerrar el ojo.

–Avísame cuando vuelvas, Lisa.

Elisabet asió a su hermana por la muñeca y la obligó a levantarse.

–Vamos, Jess –insistió–. ¡Será divertido!

–Está bien... –cedió Jessica con un bostezo mientras se desperezaba–. Pero no le veo la gracia a quedarse viendo unos cuantos animales grandotes y malolientes. Si los caballos tuvieran una pizca de inteligencia, no permitirían que la gente los montara y los obligara a cabalgar.

Elisabet movió la cabeza. Era inútil tratar de explicar a Jessica lo emocionante de la equitación. Sabía perfectamente cuál era el tipo de cosas que emocionaban a Jessica.

–A lo mejor vemos un muchacho atractivo sobre uno de esos animales malolientes –replicó con una sonrisa de picardía.

A Jessica se le iluminaron los ojos.

–¡Ah! Entonces, ¿a qué esperamos?

«A veces resulta difícil recordar que somos gemelas idénticas», pensó Elisabet mientras caminaba al lado de su hermana hacia la espesura de los árboles que rodeaban el lago.

Al igual que Elisabet, Jessica tenía una larga y sedosa melena dorada como el sol y unos brillantes ojos aguamarina. En realidad, todo en ellas era idéntico, incluido el hoyuelo en la mejilla izquierda.

Pero, en cambio, sus personalidades no podían ser más distintas. Elisabet era cuatro minutos mayor, aunque, en ocasiones, más bien parecían cuatro años. Era responsable, sensible y le gustaba la escuela. La mayor parte de su tiempo libre lo pasaba colaborando en *Sexto Grado*, el periódico de la escuela que había ayudado a fundar. Asimismo, su sentido de la fidelidad alcanzaba por igual a sus amigos y amigas. Le encantaba hablar de corazón a corazón con sus amigas más íntimas y no había nada que la hiciera más feliz que aprovechar el tiempo leyendo un buen libro.

Jessica, en cambio, no podía comprender la afición de Elisabet a estar *sola* con un libro, cuando había un montón de cosas divertidas que hacer en compañía de un buen grupo de amigas. Pertenecía a las Unicornio, un exclusivo grupo compuesto por las chicas más bonitas y esnobs de la Escuela Media de Sweet Valley. Cuando no estaba con ellas, solía estar colgada del teléfono, hablando con alguna de ellas e intercambiando los últimos chismorreos sobre la moda o los chicos.

–Ahí está el sendero para caballos. –Jessica señaló hacia los árboles–. Pero no veo ninguno, *ni* tampoco a ningún chico atractivo.

–Espera un poco –dijo Elisabet, sentándose sobre un lecho blando de agujas de pino al pie de un árbol robusto al borde del sendero–. Me parece que hace siglos que no he estado en un picadero –comentó en tono melancólico–. Últimamente he tenido tanto trabajo con *Sexto Grado* y los deberes de la escuela...

–¿Por qué no te acercas a visitar las cuadras? –sugirió Jessica–. Recuerda que pronto se celebrará el concurso hípico. Estoy segura de que a Trueno le encantará volver a verte.

Trueno, un hermoso alazán de pelaje castaño, pertenecía a Ted Rogers, un mozo de cuadras del picadero Carson. Él se lo prestaba a Elisabet para que lo montara cada vez que lo deseaba.

–Lo echo de menos –murmuró Elisabet.

–¿A quién? ¿A Trueno o a Ted? –quiso precisar Jessica con una sonrisa.

–¡A Trueno! –respondió Elisabet con una carcajada.

La primera vez que las gemelas vieron a

Ted, éste era alumno de primero de la Escuela Media de Sweet Valley. De inmediato, Jessica había caído locamente enamorada de aquel chico tímido de grandes ojos azules. Aunque éste y Elisabet eran solamente buenos amigos, Jessica se divertía gastándole bromas a su hermana en relación con el chico.

–¡Jessica, mira! –exclamó Elisabet.

Un magnífico ejemplar negro árabe venía trotando por el sendero. El jinete, una chica de la edad de las gemelas, vestía una chaqueta negra de montar, pantalones marrones y una gorra de terciopelo negro. Al pasar por delante de las gemelas, volvió la cabeza y les sonrió.

–¡Qué figura tan preciosa! –musitó Elisabet cuando amazona y montura desaparecieron.

–Sí. Y el caballo también es bonito –corroboró Jessica.

Elisabet soltó unas risitas.

–¡Me refería al caballo, Jess!

–Oh... –Jessica se encogió de hombros–. Creía que hablabas del traje de ella. –Se levantó y se sacudió sus pantaloncitos cortos–. Nunca he podido comprender esa afición tan tonta a los caballos. La figura, los pelos...

–¡*Pelaje*! –corrigió Elisabet.

–Lo que sea. –Le quitó importancia con un movimiento de la mano–. ¿Volvemos? Tengo ganas de comer otro pedazo de pastel de chocolate.

–¡Más pastel! ¡Creía que habías quedado tan llena que no podías ni moverte!

–Llena de bocadillos de salchicha –precisó Jessica–. ¡Para pastel de chocolate siempre me queda espacio!

Mientras volvían, Elisabet no podía apartar del pensamiento el precioso caballo árabe que acababan de ver.

–Mañana iré a ver a Trueno –decidió–. Lo echo mucho de menos.

–Cualquiera diría que hablas de una *persona*, Lisa.

--En cierto modo, para mí lo es –replicó ésta.

Al llegar al área del *picnic*, las gemelas vieron a sus padres y a su hermano Steven jugando a pelota.

–Vamos a jugar –propuso Elisabet.

–Después de que me haya comido el trozo de pastel.

–¡Guárdame un pedazo! –gritó mientras corría en dirección a su familia.

Jessica se acercó a la manta donde estaban los útiles del *picnic* y se sorprendió al ver la tapa de la nevera medio abierta.

–¡Qué raro! Juraría que mamá la había cerrado –murmuró mientras la levantaba.

Y metió la mano para coger el pastel. De repente, soltó una exclamación ahogada de terror.

–¡*Una mofeta!* –exclamó con un chillido que se oyó en todo el bosque–. ¡Auxilio!

Era una cría de mofeta que, desde el fondo de la nevera, y después de dedicar una mirada breve a Jessica con sus ojillos negros, volvió a concentrarse en el pastel de chocolate.

–¡Jessica! –exclamó la señora Wakefield corriendo hacia ella–. ¡Hija! ¿Estás bien?

–¡Una mofeta se está comiendo mi pastel de chocolate! –gritó Jessica.

–¿Una mofeta? –repitió Steven que se acercaba a toda prisa seguido por el señor Wakefield y Elisabet–. ¿A ver?

–Cuidado, Steven –lo alertó su padre–. Los animales salvajes pueden resultar peligrosos. No la asustes.

El señor Wakefield, seguido de toda la familia, se acercó a la nevera portátil con grandes precauciones.

La pequeña mofeta miró con curiosidad al grupo de los Wakefield, engulló el último pedazo de pastel y, de un brinco, salió de la nevera, desapareciendo entre los árboles del bosque.

–Ahí va el ladrón de tu pastel, Jessica. –Sonrió su padre.

–¡Qué animal tan bonito! –exclamó Elisabet.

–¡Oh, *por favor*, Elisabet! –dijo Jessica con una mueca de asco–. Me parece que, por hoy, ya he tenido suficiente naturaleza.

A primera hora de la tarde siguiente, Elisabet se dirigió al picadero Carson. En cuanto vio los robustos edificios de ladrillo rojo rodeados de los verdes campos, apretó el paso. Respiró con agrado el olor familiar del heno y de los caballos. Casi había olvidado cuánto le gustaban.

Vio a Ted doblando una manta de silla en el guadarnés, un cobertizo de madera lleno de todo cuanto se podía necesitar para montar a caballo, desde bridas y sillas hasta cepillos y limpiacascos...

–¿Necesitas ayuda? –le preguntó ella al entrar.

–¡Elisabet! –exclamó el chico y le sonrió ampliamente–. ¡Cuánto me alegro de verte! ¡Hacía mucho tiempo que no venías! Trueno y yo te hemos echado mucho de menos –concluyó con una ligera timidez.

–Me gustaría saludarlo. ¿Me acompañas?

–Claro –asintió Ted–. Casi he terminado.

Al llegar a la cuadra, Elisabet recorrió la larga línea de compartimientos saludando a todos sus viejos amigos hasta llegar al de Trueno.

–Soy yo, Trueno –le susurró dulcemente.

Al oír la voz de Elisabet, las orejas del animal se enderezaron. Asomó la cabeza por la parte superior de la puerta y frotó su hocico, sedoso como el terciopelo, contra la mejilla de Elisabet.

–Mira lo que te he traído –dijo ésta sacando una zanahoria del bolsillo interior de la chaqueta.

Trueno la cogió con cuidado y, con sus grandes dientes, la masticó feliz.

Elisabet le acarició el esbelto y brillante cuello.

–Ya veo que Ted te cuida muy bien –comentó y, dirigiéndose a Ted, añadió–: Cuanto me alegro de que lo compraras a Lila. Trueno y tú estáis hechos el uno para el otro.

Lila Fowler era la mejor amiga de Jessica y miembro de las Unicornio. Era una chica increíblemente mimada por su adinerado padre quien, para hacerse perdonar las prolongadas ausencias de su casa a causa de sus viajes de negocios, daba a su hija todo cuanto le pedía. En una ocasión, Lila había pedido un caballo, pero, como con todas las cosas que tenía, al poco tiempo de tenerlo se cansó de él. Afortunadamente, Ted la había convencido para que se lo vendiera.

–A mí también me alegra habérselo comprado. –De repente, Ted frunció el entrecejo–. Claro que, si no consigo dinero pronto, es posible que no pueda conservarlo.

–¡Ted! ¿A qué te refieres? –preguntó Elisabet alarmada.

Él clavó la vista en el suelo.

–De las mensualidades para el mantenimiento de Trueno. No me llega el dinero ni siquiera con lo que gano aquí como mozo de cuadra. Llevo tres meses de atrasos y, si no consigo el dinero pronto, tendré que venderlo.

–¡Ted! ¡Eso sería espantoso! –exclamó Elisabet.

El chico asintió con un gesto de tristeza.

–Mi padre me ha ayudado todo cuanto ha podido, pero él tampoco gana mucho. Además, Trueno es *responsabilidad* mía. –Acarició la densa crin del caballo y musitó–: Si lo pierdo, no sé qué voy a hacer.

Elisabet asintió con un gesto de comprensión. En poco tiempo, Ted había sufrido una serie de pérdidas dolorosas. Hacía escasamente dos años que el coche en el que iba con sus padres, había volcado en la carretera a causa del impacto con un vehículo conducido por un hombre ebrio. La madre de Ted, una magnífica amazona, había muerto y el chico aún cojeaba ligeramente a consecuencia de una herida que recibió en la pierna.

–No podemos perder a Trueno –declaró Elisabet haciendo un esfuerzo por ocultar su angustia–. Ha de haber *algún modo* de conseguir ese dinero.

–Lo hay –respondió Ted con una sonrisa–. El concurso regional de saltos para jinetes juveniles que ha de celebrarse dentro de dos semanas. Si gano, utilizaré el dinero del premio para el mantenimiento de Trueno.

–Es cierto. Ellen Riteman le dijo a Jessica lo del concurso de saltos. Pero, ¿qué significa ese «si gano»? –protestó Elisabet–. ¡Naturalmente que ganarás!

Ted era el mejor jinete que Elisabet había visto jamás. Éste le dedicó una sonrisa de confianza.

–Sí. Creo que tengo oportunidades, pero hay que tener en cuenta que van a competir excelentes jinetes con más experiencia.

–Yo te ayudaré a entrenar –se ofreció Elisabet con presteza–. Puedo encargarme de algunos de los trabajos que tienes en el picadero y así tendrás más tiempo para practicar con Trueno.

–Muchas gracias, Elisabet –agradeció Ted de todo corazón. De repente se puso serio y añadió, señalando con la cabeza hacia la entrada–: Ahí viene el señor Carson.

El propietario del picadero saludó al muchacho y le estrechó la mano.

–¿Cómo estás, Ted?

–Hola, señor Carson. Ésta es Elisabet Wakefield.

El señor Carson le dedicó un amistoso movimiento de cabeza.

–¿No te he visto por aquí alguna vez montando a nuestro amigo Trueno?

–Siempre que puedo –respondió Elisabet.

El señor Carson rascó el hocico del caballo.

–Un precioso alazán –manifestó–. Me sabe mal que tengas que deshacerte de él, Ted, pero ya no puedo prorrogar más tu deuda.

Ted tosió nerviosamente.

–Pensaba que quizá podría esperar hasta final de mes, cuando se celebre el concurso regional, señor Carson –dijo.

–¿El regional? –El señor Carson se frotó la barbilla–. Si hay alguien que tenga una oportunidad de ganar, ése eres tú con Trueno. –El hombre hizo una pausa–. De acuerdo, esperaré hasta el concurso. Si, ganas podrás pagarme.

–Gracias señor Carson –exclamó Ted con un suspiro de alivio–. No lo lamentará.

–Espero que no –respondió el hombre amablemente–. Pero no podré alargarlo más. ¿Lo comprendes?

–Sí, señor.

–Practica mucho. Ese concurso es una dura prueba –le recomendó el hombre. Dio una última palmadita a Trueno y se fue.

–He de ganar, Elisabet –declaró Ted con determinación–. Todo depende de eso.

De repente, en uno de los compartimientos del fondo, se oyó a un caballo que se agitaba y relinchaba nerviosamente.

–¿Qué pasa? –preguntó Elisabet.

–Debe ser Calipso –explicó Ted–. Probablemente quiere saber si te quedan más zanahorias.

–Pero me ha parecido oír también una voz.

–Que yo sepa, Calipso aún no ha aprendido a hablar –replicó Ted con una sonrisa–, pero podemos ir a comprobarlo.

Ted guió a Elisabet al box de Calipso. Al acercarse, el caballo tordo enderezó las orejas.

–Tiene un terrón de azúcar en la boca –comentó Ted sorprendido–. ¿No se lo has dado tú?

Elisabet sacudió la cabeza negativamente.

–Que extraño. No he visto a nadie por aquí. –Ted señaló hacia la puerta–. Vamos a la pista de prácticas.

Pero la pista estaba desierta.

–Bien... –concluyó Ted con un encogimiento de hombros–. Ya tengo bastantes preocupaciones para ponerme a investigar ahora sobre terrones de azúcar.

Volvieron al box de Trueno y Elisabet frotó con suavidad las grandes orejas del animal.

–No te preocupes, chico –le dijo–. ¡Tú y Ted ganaréis el concurso! ¡Lo sé!

Trueno inclinó la cabeza en un gracioso movimiento como si quisiera decir: «*Naturalmente que ganaremos*».

Pero cuando Elisabet miró a Ted, le pareció que el chico no compartía la misma opinión.

II

–Fíjate –observó Jessica–, la playa está casi desierta.

En cuanto Elisabet salió hacia el picadero, Jessica llamó a Lila Fowler para proponerle pasar el día en la playa a lo que ésta accedió de inmediato.

Jessica y Lila aparcaron las bicicletas en el estacionamiento casi desierto de la playa.

–Estaba segura de que, en un domingo como éste, la playa estaría abarrotada –comentó Jessica.

–Mejor para nosotras –declaró Lila con un movimiento enérgico de la cabeza–. Odio la playa llena de chiquillos que juegan y te llenan de arena. No puedo relajarme.

–Quizá deberías pedir a tu padre que te compre una playa privada –bromeó Jessica.

Lila pareció tomarlo seriamente en consideración.

–Ummm... A lo mejor tienes razón. Cuando llegue a casa, se lo preguntaré...

–Vamos, Lila –le interrumpió Jessica–. Creo que es suficientemente privada... Incluso para ti.

Las dos chicas sacaron las toallas y una radio portátil de la cesta de las bicicletas. Se descalzaron y avanzaron por el sendero que bajaba desde el estacionamiento a la playa.

–¡Qué raro! –comentó Jessica mientras caminaba por la arena blanca y caliente–. Este lugar debería estar abarrotado y, en cambio, parece una ciudad fantasma.

–¡Quizás ha salido un tiburón y ha asustado a todo el mundo! –declaró Lila atemorizada–. Quizá será mejor que no nos metamos en el agua hasta haber comprobado que no pasa nada.

–No sé si habrá algún tiburón... –dijo Jessica, arrugando la nariz–, pero sí que hay algo que huele mal.

A medida que se acercaban a la orilla, el mal olor se acentuaba. Jessica miró asombrada delante de ella.

–¿Veo bien, Lila –murmuró aguzando la vista–, o el agua tiene un color muy raro?

Lila se hizo sombra con la mano encima de los ojos y se fijó en el agua.

–En este caso, tampoco yo debo ver bien, Jessica. ¡El agua es *negra*!

Las olas venían ondulantes y chocaban

contra la arena. Cuando se retiraban, dejaban tras de sí una capa fangosa, espesa y negra.

–¿Qué es esto? –exclamó Jessica.

Se arrodilló para examinar la pegajosa sustancia.

–No sé qué es, pero huele como nuestro garaje. –Introdujo el dedo con cuidado en la capa oscura–. Parece alquitrán.

–Supongo que no pensarás bañarte en esta porquería –protestó Lila.

Jessica se encogió de hombros.

–Quizá mar adentro el agua esté limpia. Vamos a preguntar a la gente que está en aquellas rocas. Quizá sepan lo que ha ocurrido.

Mientras caminaban por la playa, la pegajosa sustancia negra parecía seguir tras ellas. En algunos lugares la arena aparecía completamente negra.

–Parece como si alguien se hubiera dedicado a pintar la playa de negro –se quejó Jessica con repugnancia–. ¡Qué cosa tan asquerosa!

–¿Lo ves? –añadió Lila–. Por eso me vendría bien tener una playa privada. Nadie podría estropearme el día.

Las chicas llegaron hasta las rocas erosionadas por la acción del agua, formando una especie de escollera natural. Jessica las había explorado con buen tiempo, pero si el mar estaba agitado podían resultar peligrosas.

–¡Hasta las rocas están manchadas! –exclamó.

En el lugar había un grupo de unos seis chicos y chicas, la mayoría vistiendo camisetas, botas y pantalones cortos. Parecían alumnos de secundaria, excepto un chico que tendría sólo un año o dos más que Jessica y Lila. Llevaba unos pantalones de goma color turquesa y negros, y una especie de camiseta del mismo material color blanco. Tenía el pelo largo, sólo un poco más oscuro que el de Jessica.

–Creo que deberíamos averiguar qué demonios ocurre –manifestó Jessica.

–Apuesto lo que quieras a que adivino a quién se lo preguntarás –añadió Lila con una sonrisa–. De todos modos, yo no pienso encaramarme por esas rocas resbaladizas. Me estropearía mis pantalones cortos y me ensuciaría las piernas.

–¿No quieres saber lo que ha ocurrido?

–No me importa *nada* lo que haya ocurrido –declaró Lila despreciativamente–. Lo único que me preocupa es que me han arruinado el día y encima pretendes que trepe por esas rocas para ensuciarme y a lo mejor pelarme las rodillas.

–Pues yo voy a hablar con esos chicos. ¿Vienes o no?

–¡Oh, está bien! –concedió Lila de mala gana–. ¡No voy a quedarme sola!

–Muy bien. Yo iré delante y tú me sigues. Te ayudaré a subir.

Pero trepar por las rocas no resultó tan fácil como Jessica suponía. Resbalaba continuamente por la capa grasienta que cubría las piedras y, cuando llegó arriba, tenía todas las piernas manchadas de negro.

–¿Lo ves? Ha sido muy fácil –dijo a Lila fingiendo seguridad.

–¡Si se me estropean los pantalones cortos por tu capricho de hablar con un chico, nunca te lo perdonaré! –amenazó Lila mientras se agarraba a la mano de Jessica que tiró de ella para ayudarla a subir.

Justo en aquel momento, se oyó un ruido extraño, como el ladrido de un perro. Jessica pegó un brinco sobresaltada, resbaló y fue a parar de lleno en un charco de la fangosa sustancia negra.

–¡Ooooh! –exclamó–. ¿Por qué has hecho ese ruido, Lila? ¡Fíjate lo que me ha pasado por culpa tuya!

–No he hecho ningún ruido –protestó Lila–. Yo creía que habías sido tú.

Nuevamente, oyeron el ladrido; esta vez

más cercano. Jessica miró hacia el grupo de chicos y chicas, pero estaban demasiado lejos para que procediera de allí.

–Creo que viene de esa dirección –dijo Lila indicando unas rocas que se hundían en el agua–. Parece el ruido de alguna especie de animal.

–Voy a echar un vistazo.

–No te acerques demasiado al agua –la alertó Lila–. Podría arrastrarte alguna ola.

–Tendré cuidado –aseguró Jessica.

Avanzó por las rocas resbaladizas, chapoteando en los negros charcos producidos por el agua del mar al llenar las hondonadas formadas en las rocas. Volvió a oír el ruido y advirtió que procedía de una grieta entre dos grandes rocas.

Se arrodilló con cuidado y echó un vistazo a la oscura hendidura. Tropezó con la mirada de dos ojos negros y grandes.

–¡Lila! –llamó–. ¡Ven!

–¿Qué pasa? –preguntó ésta, avanzando con grandes precauciones.

–No lo sé. Es una especie de animal que parece atrapado entre estas dos rocas.

–¿Qué *especie* de animal? –preguntó Lila con alarma–. No será una serpiente, ¿verdad?

Jessica volvió a examinar los brillantes ojillos del interior del hueco. El animal soltó un nuevo ladrido.

–Creo que es una foca –dijo–. Una cría de foca.

–¡No la toques! –exclamó Lila mientras se arrodillaba a su lado y miraba al hueco de entre las rocas–. Podría tener la rabia o algo por el estilo. ¿Y si muerde?

–No me parece nada peligrosa –murmuró Jessica.

–Nunca se sabe. Será mejor que la dejes ahí.

La foca volvió a emitir un sonido lastimero, pero esta vez más apagado.

–¿Y si está herida? –aventuró Jessica–. ¿Y si la dejamos aquí y se muere?

–Los animales salvajes saben cuidarse de sí mismos –declaró Lila–. ¿Además, desde cuándo eres una amante de la vida animal?

–Imagino que tienes razón –asintió Jessica, recordando el susto que se había llevado con la mofeta.

–Además –continuó Lila–, parece que ese grupo de chicos y chicas están a punto de irse. ¿No querías preguntarles qué ha pasado en la playa?

Jessica se enderezó suspirando. Apenas había dado unos pasos, cuando la foca soltó un balido parecido al lamento de un ternerito hambriento. Sonaba tan triste que Jessica se inmovilizó conmovida.

–¡Jessica! –gritó Lila con los brazos en jarras–. ¡No es más que una foca estúpida!

Jessica sabía que probablemente su amiga estaba en lo cierto. Pero no podía quitarse de la cabeza los grandes ojos brillantes que parecían implorar su ayuda. De repente, la asió por un brazo.

–¡He de salvar esa foca! ¡No puedo dejarla morir! Ve tú a preguntar qué ocurre. Te alcanzaré en cuanto la haya sacado del agujero y la haya devuelto al mar.

–De acuerdo... –cedió Lila con un suspiro–. Ponte a jugar con tu amiguita mientras *yo* hablo con el atractivo chico del traje de goma.

Mientras Lila se alejaba, pisando con mucho cuidado, ella volvió al lugar donde estaba la foca. Se arrodilló y metió la mano por el agujero, pero éste era más profundo de lo que se imaginaba y le fue imposible alcanzar al animalito.

–¡Será mejor que me lo agradezcas! Por ti voy a acabar de echar a perder mi precioso conjunto.

Con una mueca de disgusto, Jessica se tendió boca abajo sobre las encenagadas rocas. Introdujo todo el brazo por el agujero y pudo notar el cuerpo de la foca con la punta de

28

los dedos. La piel del animal parecía cubierta por la misma sustancia grasienta que lo ensuciaba todo. Gracias a la pequeñez de la foca, pudo asirla por la piel de la nuca y tirar de ella hacia afuera. Al fin logró liberarla.

–¡Ya puedes darme las gracias! –volvió a murmurar Jessica, inclinándose y cogiendo a la pequeña foca con ambas manos–. ¡Ya te tengo! –Y la sacó del agujero con cuidado.

Se sentó sobre la roca y colocó al animalito sobre sus rodillas. Tenía el tamaño de un gato, los ojos grandes y redondos, y unos bigotes largos y espesos. Miró a Jessica y emitió un quejido lastimero.

–No te asustes, pequeña –dijo Jessica en voz baja–. No te voy a hacer daño. Te devolveré al agua para que tu madre pueda encontrarte.

–No creo que su madre pueda encontrarla.

Jessica se dio la vuelta y vio al chico del traje de goma. Tenía unos ojos oscuros algo parecidos a los de la foca. Lila estaba de pie tras él.

–Hola, me llamo Adam –saludó–. Adam Scott.

–Yo soy Jessica Wakefield –sonrió ella–. Oí a la foca...

–En realidad... –interrumpió rápidamente Lila–... *oímos* a la foquita y pensé que sería bonito intentar salvarla...

–Y por eso me he echado de bruces sobre estas rocas y me he cubierto de suciedad, o de lo que sea esto –acabó Jessica.

–Es petróleo –aclaró el chico–. Cubre las rocas y la playa. Ayer noche embarrancó un petrolero aquí cerca y se partió en dos. Debió ser entonces cuando esta pequeña resultó separada de su madre y debió perderla entre la mancha del petróleo vertido. –Se inclinó y acarició suavemente la cabeza de la pequeña foca.

–Estamos muy contentas de haberla salvado –continuó Lila, impertérrita.

Jessica alzó los ojos al cielo.

–Sí. Estoy muy contenta de haber salvado a Bigotes –dijo y dedicó a Adam una sonrisa deslumbrante.

Lila la miró con extrañeza.

–*¿Bigotes?*– dijo.

–Se llama así. Mientras la estaba salvando, he decidido bautizarla con este nombre –explicó.

–En realidad, no sabemos seguro si se salvará. Sobrevivir puede resultarle difícil a un animal tan pequeño como éste –dijo Adam en tono reflexivo–. Hablaré con el doctor Robinson para ver qué opina.

–¿El doctor Robinson? –preguntó Jessica–. ¿Quién es?

–El jefe de nuestro grupo. Todos nosotros somos miembros de «Ecología, ahora», una organización que trabaja para la protección del medio ambiente. Hemos venido para intentar limpiar la playa de petróleo –explicó Adam–. El doctor Robinson es uno de los biólogos marinos del Acuario de Sweet Valley. Él sabrá qué hacer con Bigotes.

–¿Y cómo limpiaréis todo esto? –quiso saber Lila.

Adam sonrió.

–Con un montón de trabajo duro y sucio. Vendremos cada día, después de las clases, hasta que hayamos acabado. Si alguna de vosotras quiere colaborar, siempre estamos dispuestos a aceptar voluntarios.

–*Me encantaría*, Adam... –manifestó Lila–, pero tengo una vida social...

–Yo puedo ayudar –la interrumpió Jessica con presteza.

Lila la miró como si, de repente, se hubiera vuelto loca, mientras la misma Jessica se preguntaba lo mismo. La limpieza sería una tarea pesada y sucia, e incluso tendría que faltar a las reuniones de las Unicornio...

–¡Magnífico! –exclamó Adam, sonriendo a Jessica, a la cual le pareció que la perspectiva de la limpieza ya no resultaba a todas luces tan siniestra.

–Me muero de ganas de empezar –declaró, devolviendo la sonrisa al chico.

Lila soltó un suspiro ruidoso.

–Ahora llevemos a Bigotes al doctor Robinson –dijo Adam–. Estoy seguro de que podrá salvarlo.

III

–¿Dónde está todo el mundo? –gritó Jessica, cerrando la puerta de entrada.

Los Wakefield estaban reunidos en la sala ante el aparato de televisión.

–¡Jessica! –exclamó Elisabet–. ¡No te imaginas lo que ha ocurrido hoy!

–Claro que sí –respondió su hermana en tono sombrío–. ¡He estado allí!

El señor Wakefield bajó el volumen del aparato.

–Estábamos viendo un reportaje especial sobre el vertido de petróleo –dijo–. ¿Cómo ha quedado la playa?

–¡Horrible! –exclamó Jessica–. ¡Toda negra!

–¿Y qué has hecho? –preguntó Steven, señalando las sucias ropas de Jessica–. ¿Revolcarte en ella?

–Para tu información, he salvado una vida –replicó Jessica secamente.

–¿Qué ha ocurrido, hija? –se asustó la señora Wakefield–. ¿Se ahogaba alguien?

–No exactamente *alguien*... sino *algo*.
–Hizo una pausa dramática antes de añadir–:
Una cría de foca.

–¡Oh, por favor! –protestó Steven en tono
de burla–. Si no puedes ver ni al perro más
pequeño, como vas a hacernos creer que has
salvado a una foca.

–Hubiera muerto si no llego a encontrarla –replicó Jessica a la defensiva–. Al menos
eso es lo que ha dicho el doctor Robinson.

–¿Quién es el doctor Robinson? –preguntó su madre.

–Trabaja en el Acuario de Sweet Valley.
Creo que es una especie de veterinario. Estaba limpiando la playa con un grupo de gente.
Dice que Bigotes tenía tanto petróleo sobre
la piel que, si no llego a descubrirlo, no hubiera vivido mucho tiempo.

–¿Bigotes? –repitió Elisabet.

–Lo llamo así –explicó Jessica–. Ya me
dirás cuando lo veas, Lisa. Es la cosa con
ojos oscuros más bonita del mundo.

–¿Y va a salvarse? –preguntó Elisabet.

Jessica movió la cabeza.

–No se sabe seguro. Estaba muy débil.
Mañana, cuando vuelva a la playa para ayudar en la limpieza, quizá pueda decirme algo
más.

–Un momento –interrumpió Steven con

una mirada de incredulidad–. *¿Tú* vas a ayudar en la limpieza?

–Exacto, Steven –respondió Jessica sulfurada–. ¿Acaso estás sordo?

–¿Cuál es el motivo? ¿Te pagan? –sugirió su hermano.

–Steven, opino que es maravilloso que tu hermana se interese por el medio ambiente –declaró la señora Wakefield.

–Cierto, Steven –añadió su padre en tono firme–. Deberías sentirte orgulloso de que Jessica vaya a colaborar en la limpieza de la playa.

–¡Pero si ni siquiera limpia *su habitación*! –insistió Steven.

–Ojalá pudiera colaborar –añadió Elisabet–, pero he prometido a Ted Rogers que iré cada tarde después de clase a ayudarle a entrenar para el concurso hípico.

–¿Cuándo es? –preguntó Jessica.

–A finales de mes.

–Para entonces aún quedará mucho petróleo –afirmó Jessica–. Adam dice que se tardarán semanas en limpiarlo.

–Un momento –saltó Steven con una sonrisa–. ¿Quién es Adam?

–Oh... Un chico –respondió Jessica con indiferencia, examinando una mancha de petróleo que tenía en un dedo.

–¡Ajá! *Sabía* que había algún motivo –afirmó Steven con una carcajada.

El lunes todo Sweet Valley comentaba el tema del vertido de petróleo.

–Supongo que esta tarde no irás a ayudar a esa tontería de la limpieza, ¿verdad? –preguntó Lila mientras se sentaban a la mesa favorita de las Unicornio, en el comedor.

–Claro que iré –afirmó Jessica. En realidad, empezaba a no sentir tanto entusiasmo como la tarde anterior.

Adam era atractivo, pero se preguntaba si valía la pena pasarse el tiempo libre hundida hasta la cintura en aquellos charcos negros malolientes. Además, Aaron Dallas, un chico de la Escuela Media de Sweet Valley, era incluso más atractivo que Adam.

–No has olvidado que esta tarde tenemos ensayo de las Animadoras, ¿verdad? –preguntó Ellen Riteman.

Las Animadoras eran un grupo de apoyo deportivo organizado por las Unicornio.

La excusa era perfecta. No podía estar en dos lugares a la vez, ¿verdad?

–Me había olvidado –declaró moviendo la cabeza con fingido desencanto–. De veras que quería ir a la playa para ayudar.

–*Claro*... –soltó Lila en tono escéptico–. De

todos modos quizá puedas ver a Bigotes cuando vayamos el jueves al Acuario. –Se había establecido que cada clase iría al Acuario para que pudiera ver los efectos del vertido de petróleo sobre la fauna marina–. Además, siempre puedes ver a Adam cualquier otro día.

–¡Eres tan mala como Steven! –protestó Jessica–. ¡Crees que finjo estar interesada en Bigotes sólo para ver a Adam!

Lila fingió horrorizarse.

–¿*Yo*? ¿De dónde has sacado semejante idea?

–¿Quién es Bigotes? –quiso saber Ellen mientras abría una bolsa de patatas.

–Sólo una cría de foca –respondió Lila.

–¿Tú tienes una foca? –se asombró Ellen en tono dubitativo–. ¿Dónde la tienes? ¿En una piscina?

–No. ¡En la bañera! –respondió Jessica que ya había perdido la paciencia.

–¡Jess! –llamó una voz.

Jessica se volvió y vio a Elisabet que se acercaba.

–Hola, Elisabet –la saludó contenta por la interrupción–. ¿Qué pasa?

–Sólo quería recordarte que a la salida iré directamente al picadero Carson y que no te acompañaré a casa –le informó su hermana.

–De acuerdo –dijo Jessica–. Yo también acabo de recordar que tengo un ensayo con las Animadoras.

–¿Y la limpieza de la playa?

Jessica arrugó el entrecejo. Tenía que haber imaginado que Elisabet la haría sentirse culpable por romper su promesa.

–He de aprender unos nuevos movimientos de bastón –se apresuró a contestar.

–Pero Jessica... Yo te los puedo enseñar más tarde –intervino Lila astutamente.

–¡Muchas gracias, Lila! –estalló Jessica–. ¿Cuándo volverás del picadero? –preguntó a Elisabet sólo por cambiar de tema.

–Probablemente bastante tarde –respondió ésta–. Quiero ayudar a Ted todo lo que pueda.

–¿Ted Rogers? –preguntó Ellen.

Elisabet asintió con un movimiento de cabeza.

–Ayudaré a Ted con el trabajo del picadero para que tenga tiempo de practicar para el concurso de saltos.

–A mí me ha estado ayudando en los saltos con Nieve –dijo Ellen–. Participo en el concurso de juveniles. Ted dice que tengo posibilidades de ganar la cinta azul.

–Parece que va a ser una competición muy dura –comentó Elisabet.

Ellen se encogió de hombros.

–Yo no lo encuentro tan difícil.

–¿Practicas mucho? –insistió.

–Lo suficiente –respondió Ellen confiadamente–. No hay que pasarse. Quiero llegar en forma al concurso.

–Ted dice que destina cada minuto que le sobra a montar a Trueno –afirmó Elisabet.

–Yo, en tu lugar, no me confiaría demasiado, Ellen –advirtió Lila–. Podrías llevarte una sorpresa.

–¡Ni pensarlo! –alardeó Ellen, pero Jessica se dio cuenta de que se había quedado ligeramente preocupada.

–Ellen Riteman parece estar muy segura de ganar el concurso juvenil de saltos –comentó Elisabet con Ted aquella tarde cuando le ayudaba a limpiar los pesebres.

–Ellen no monta mal –declaró Ted en tono reflexivo–, pero no es tan buena como *tú* –añadió con un guiño–. Sin embargo, creo que tiene posibilidades a condición de entrenar mucho. Si lo hace, dentro de un año o dos podría llegar a ser una buena rival mía en los juveniles. Claro que entonces ya no la ayudaría como ahora.

–Hablando de entrenamientos –dijo Elisabet–, yo terminaré el trabajo que queda y tú vete a montar a Trueno.

Ted le dedicó una sonrisa de agradecimiento.

–Eres magnífica, Elisabet Wakefield. ¿Cómo voy a pagarte tanto favor?

–¡Ganando la cinta azul! –exclamó Elisabet–. No te olvides que lo hago por interés, Ted. Quiero a Trueno casi tanto como tú. Me muero de ganas de montarlo así que acabe el trabajo.

Con la escoba en la mano, Elisabet siguió a Ted. Cuando llegaron al box de Trueno, lo hallaron masticando muy satisfecho un pedazo de zanahoria.

–¿Cuándo has entrado a dársela? –preguntó Ted.

–No lo he hecho –declaró Elisabet que, dejando la escoba apoyada en la pared, recorrió el pasillo con la vista fija en el suelo–. ¡Eh, Ted! Parece que alguna hada del «País de la zanahoria» ha venido de visita.

Ted se puso en jarras.

–Qué raro –dijo–. Vamos a echar un vistazo para aclarar este misterio.

Pero no encontraron a nadie por los alrededores. Elisabet y Ted llegaron hasta la pista de entrenamiento donde unos aprendices de jinete daban vueltas al anillo.

–No veo nada fuera de lo normal –declaró Ted–. Me imagino que la identidad de esa hada va a quedar en el misterio.

–Un momento. ¿Ves aquella chica apoyada en la valla, al otro lado de la pista? –Elisabet señaló a una chica de cabello corto y rizado–. Creo que la he visto en la escuela, pero nunca por aquí. ¿Y tú?

Ted movió la cabeza en sentido negativo.

–Fíjate como nos mira. Tiene una expresión como si se sintiera culpable. Vamos a hablar con ella.

Al acercarse ambos a la chica, las mejillas de ésta se encendieron.

–Hola –saludó Ted–. ¿Esperas para tomar alguna lección?

–Ummm... no –murmuró ella–. Sólo miraba.

–Me llamo Ted Rogers y ella es Elisabet Wakefield.

–Y yo Lucy –dijo la chica tímidamente–. Lucy Benson.

Elisabet miró a Ted y con la vista le señaló la bolsa de libros que Lucy tenía en el suelo junto a sus pies, de donde asomaba la punta de una zanahoria.

–Creo que hemos descubierto a nuestra hada de las zanahorias, Elisabet –dijo Ted con una sonrisa.

Lucy miró hacia la bolsa y sus rojas mejillas aumentaron de color.

–Yo... lo siento –tartamudeó–. Sólo quería saludar a los caballos.

–¿Montas? –le preguntó Elisabet.

Lucy asintió con un movimiento de cabeza.

–¿Desde cuándo? –siguió preguntando Elisabet.

–Desde que tenía siete años –respondió Lucy en voz baja. Señaló con un gesto de la cabeza a los aprendices de jinete–. Cuando empecé, era más pequeña que la mayoría de ellos.

–Debes de ser muy buena.

Aunque Lucy parecía muy tímida, Elisabet advirtió el brillo de entusiasmo de sus ojos marrones cuando miraba a los caballos.

–Soy un buen jinete –declaró Lucy con toda sencillez aunque con cierta inseguridad.

–¿Tienes un caballo? –preguntó Ted.

Lucy negó con un movimiento lento de la cabeza.

–Ya no. Tuve un hermoso bayo, un pura sangre.

–¿Cómo se llamaba? –inquirió Ted.

–Estrella, porque tenía una estrella blanca perfecta en la frente.

–¡Qué suerte! Me gustaría tanto tener un caballo... –suspiró Elisabet que se quedó con ganas de preguntar qué había pasado con Estrella, pero al ver la triste expresión de los ojos de Lucy desistió–. Ted me permite montar a su caballo Trueno todas las veces que lo deseo –continuó.

–¿Trueno es *tuyo*? –exclamó Lucy con emoción–. ¡Es increíble! ¡Es muy inteligente!

Ted sonrió orgulloso.

–Parece como si ya os conocierais.

–Conozco a todos los caballos de aquí –declaró Lucy–. Sé que Calipso es un poco asustadizo pero que se deja ganar de inmediato con un terrón de azúcar. A Gitano le gusta que le rasquen detrás de la oreja derecha y... Rojo es manso, pero no es un gran corredor.

–¡Eh, tengo una idea! –exclamó Elisabet–. Estoy ayudando a Ted con su trabajo en el picadero para que tenga tiempo de entrenarse y poder participar en un concurso de saltos que tendrá lugar a fin de mes. Te he visto en la escuela, ¿por qué no venimos las dos a ayudar a Ted después de las clases?

–Me gustaría mucho –declaró Lucy con timidez.

–Procura no olvidar las zanahorias. Los caballos quedarían muy desengañados si su hada buena los olvida –le recordó Ted.

–Lo prometo –aseguró Lucy.

–¿Por qué no montas un ratito a Trueno? –le propuso Ted.

–¿Quieres decir... *ahora*? –Lucy había palidecido.

–Claro –insistió Ted–. Me queda mucho tiempo para practicar.

–Verás como responde perfectamente a las ayudas –añadió Elisabet con entusiasmo–. Cuando lo monto, me parece flotar en el aire.

Lucy miró nerviosamente el reloj.

–Me gustaría mucho –dijo–, pero tengo un montón de deberes que hacer. –Cogió la bolsa con los libros y retrocedió unos pasos–. Gracias por el ofrecimiento, Ted. Quizás en otro momento. –Giró con precipitación y se fue a toda prisa.

–Bien, al menos hemos solucionado el misterio de las zanahorias –dijo Ted con una sonrisa.

«Pero ha quedado otro sin resolver», pensó Elisabet mientras contemplaba como Lucy se alejaba.

IV

–Espero que en el Acuario todo el mundo se comporte como es debido –dijo el señor Tilley, el jefe del departamento de Ciencias de la Escuela de Enseñanza Media de Sweet Valley, desde la parte delantera del autobús y esforzándose en ser oído por un micrófono lleno de ruidos–. Eso significa: ¡TRANQUILOS, con mayúsculas! Además, está absolutamente prohibido dar de comer a los animales.

Sentada al lado de Jessica, Lila no parecía interesada lo más mínimo en lo que decía el señor Tilley.

–¡Jessica, casi me había olvidado de contarte lo de la gran sorpresa que me ha dado mi padre!

–Deja que lo adivine... Te ha comprado un Mercedes –dijo Jessica en tono sarcástico.

–No.

–¿A lo mejor quiere que trabajes en la hamburguesería para que te pagues la ropa?

–¡Oh, Jessica, *por favor*! –exclamó Lila con una mirada de exasperación hacia lo alto–. Me ha dicho que es una sorpresa tan grande que todo el mundo se va a morir de envidia cuando lo vean. Apuesto lo que quieras a que incluso Brooke Dennis quedará impresionada, y eso que su padre le organizó aquella fiesta tan fabulosa.

Ahora fue Jessica la que miró hacia lo alto. A veces, Lila resultaba inaguantable. Prefirió hablar con su hermana Elisabet sentada al otro lado del pasillo con Amy Sutton.

–Me pregunto si veremos a Bigotes –le comentó.

Pero antes de que Elisabet pudiera responder, el autobús se detuvo al llegar a su destino y todo el mundo empezó a bajar.

Cuando Elisabet estuvo en tierra, divisó a Lucy Benson en medio de un grupo de escolares cerca de la entrada del Acuario.

–Espérame –le dijo a Amy–. Voy a saludar a alguien.

Cuando Lucy vio a Elisabet, se le oscureció la expresión. Dijo algo a las dos chicas que estaban junto a ella y corrió al encuentro de Elisabet.

–Hola, Lucy –saludó ésta–. Parece que hemos venido toda la escuela, ¿verdad?

Lucy asintió con una risa nerviosa.

–Qué casualidad. Casi no nos vemos en la escuela y nos encontramos en el Acuario.

–Pues yo pensaba buscarte para preguntarte si piensas ir al picadero después de las clases.

Lucy miró a su alrededor con nerviosismo.

–¿Pasa algo? –preguntó Elisabet.

–¿Qué...? ¡Oh, no, no! –se apresuró a responder la chica.

–Entonces, ¿nos veremos allí?

Lucy asintió con la cabeza.

–Sí, hasta luego, Elisabet. –Giró sobre sus talones y, sin decir nada más, desapareció entre el grupo.

Elisabet se reunió con sus compañeros de clase en el vestíbulo del Acuario.

–Soy vuestra guía y deseo daros la bienvenida al Acuario de Sweet Valley –dijo una joven vestida con vaqueros; su largo pelo, peinado en una trenza, le bajaba por la espalda–. Aquí en el Acuario cuidamos de numerosas aves y mamíferos marinos que quedaron atrapados dentro de la devastadora capa de petróleo vertido el fin de semana pasado. Como ya sabéis, resultó afectado más de un kilómetro de costa, y es posible que se tarden meses en conseguir limpiarla del todo.

Condujo al grupo a una área del exterior del Acuario rodeada por una valla. Dentro del espacio había una serie de jaulas de alambre en hileras, en el interior de las cuales había aves comiendo o posadas en una percha. Algunas ya estaban limpias, pero otras todavía tenían el plumaje cubierto de petróleo. Dos hombres y una mujer se dedicaban a su limpieza, una por una, en una gran bañera de acero llena de agua.

–Estas aves quedaron cubiertas de petróleo –continuó la guía–. Algunas pudieron ser limpiadas en la misma playa, pero otras tuvieron que ser trasladadas aquí porque, si no se les limpia las plumas lo más pronto posible, la capa de petróleo disminuiría su resistencia al agua fría y podrían morir de frío.

A continuación, los condujo al segundo tanque de limpieza.

–Aquí tenemos una nutria a la que llamamos Joey. También estaba cubierta de petróleo y, como en las aves, los efectos sobre su piel son los mismos. En realidad, no hemos podido salvar a uno de los hermanos de Joey que acaba de morir esta mañana.

Aquello despertó la inquietud de Jessica que había supuesto que, una vez llevado al Acuario, la vida de Bigotes ya estaba garantizada.

La clase se trasladó hasta un tanque profundo de cemento que parecía un estanque pequeño. De pie al lado, estaba el doctor Robinson. Dentro del estanque, Jessica divisó la pequeña figura de Bigotes.

–El doctor Robinson os contará lo que le ha ocurrido a uno de los animalitos favoritos del Acuario –informó la guía con una sonrisa.

–Este pequeño se llama Bigotes –explicó el doctor Robinson–. Es una cría de foca que fue rescatada por... –Paseó la mirada por el grupo de chicos y chicas–... Creo que la chica que lo salvó ha venido. Al menos *una* de las chicas. Lo siento, pero no puedo decir de cuál de estas dos se trata.

–Soy yo –dijo Jessica alzando la mano, henchida de orgullo.

–Muy bien, pues has llegado justo a tiempo para ver cómo Bigotes se toma su biberón –añadió el doctor Robinson haciendo un signo a la guía, la cual se inclinó sobre el tanque y cogió a Bigotes sacando la pequeña foca del agua. A continuación, cogió un biberón que estaba sobre una mesa vecina.

–Hemos confeccionado una fórmula de leche similar a la de su madre. Está hecha de arenque y nata batida –explicó el doctor Robinson.

Mientras la guía sostenía a Bigotes, el doctor Robinson colocó el biberón en la boca del animalito. Éste, después de olisquearlo, se limitó a tomar un sorbito.

El doctor Robinson suspiró.

–Quisiéramos que Bigotes tomara un poco más. Todavía está muy débil. Supongo que cuando se acostumbre a nosotros, tendrá más apetito. Tememos que haya engullido algo de petróleo. Es una sustancia con componentes tóxicos que lo enfermarían gravemente.

–Pero se salvará, ¿verdad? –preguntó Jessica con angustia.

–No lo sabemos –respondió el doctor Robinson en tono grave–. Tenemos que esperar un par de semanas. Claro que haremos todo cuanto podamos. –Dedicó una sonrisa a Jessica–. ¿Te gustaría darle el biberón?

Jessica se adelantó, consciente de las miradas de todos sus compañeros de clase. Cogió el biberón de manos del doctor Robinson y lo puso en la boca de la pequeña foca. El animalito la miró con sus ojazos negros y empezó a tomarse la leche de lo más feliz.

El doctor Robinson se echó a reír.

–¡Parece que el problema es que sea *yo* quien le dé el biberón!

Más tarde, cuando los estudiantes acabaron el recorrido por el Acuario y volvían hacia sus autobuses, Jessica comprobó que no podía apartar a Bigotes de su mente.

–Parecía tan indefenso... –murmuró a Elisabet.

–Estoy segura de que se pondrá bien –aseguró ésta.

Pero a Jessica no le pareció tan segura como aparentaba.

Justamente cuando estaba subiendo al autobús, oyó que la llamaban:

–¡Eh! ¡Jessica Wakefield! ¡Aquí!

Jessica miró por todo el estacionamiento.

–¡Es Adam! –exclamó–. No dejes que el autobús se vaya sin mí –pidió urgentemente a su hermana.

Y fue corriendo hasta el aparcamiento de bicicletas donde Adam estaba colocando la suya.

–¡Adam! –lo saludó casi sin aliento–. ¿Qué haces aquí?

–Hoy hemos salido antes de clase porque los profesores tenían reunión. Le dije al doctor Robinson que me acercaría a ofrecerle ayuda. ¿Y tú, qué haces aquí?

–Hemos venido a ver el Acuario –explicó Jessica–. Y he visto a Bigotes. ¡Oh, Adam! ¡Tiene un aspecto horrible!

–Ya lo sé –asintió Adam con amargura–. El pobre animalito no parece tener muchas posibilidades.

–Lo lamento tanto...

–Mantendremos los dedos cruzados. No podemos hacer nada más –le dijo Adam en tono consolador–. Oye, ¿por qué no viniste ayer? Esperaba verte en la playa...

–Oh... ah... tuve... una urgencia. –Jessica pensó velozmente.

«Una urgencia de bastones», dijo mentalmente sin atreverse a contarle a Adam que había considerado el ensayo de las Animadoras mucho más importante que la tarea de la defensa del medio ambiente.

–Bien, quizá puedas bajar esta tarde –sugirió Adam–. Necesitamos toda la ayuda que se pueda.

–¿Estarás allí? –preguntó Jessica con una sonrisa.

–Iré en cuanto termine aquí.

–Entonces, nos veremos dentro de un rato –concluyó Jessica.

«Es una tarea sucia pero alguien ha de hacerla –se dijo y decidió–: ¡Pienso ir todo el tiempo que Adam vaya!»

Cuando a última hora de la tarde Elisabet llegó al picadero, encontró a Lucy que ya trabajaba en el guadarnés.

–¡Veo que Ted te hace trabajar! –comentó alegremente al entrar.

–Oh, *le pedí* si podía limpiar las sillas

–replicó Lucy con una media sonrisa–. Ya sé que parece raro, pero me gusta hacerlo.

–Entonces las dos somos raras –dijo Elisabet riendo mientras dejaba la bolsa de los libros en el suelo–. A mí también me gusta.

–Lo cual es una suerte para mí –dijo la voz de Ted desde la puerta–. ¡Uau! Casi has terminado esta silla.

–¿Tienes alguna otra? –pidió Lucy con afán.

Ted movió la cabeza con asombro.

–Con vosotras dos ayudándome, no tendré excusa si no gano el concurso.

–Estoy segura de que ganarás –afirmó Lucy firmemente. Al ver la expresión de sorpresa del rostro de Ted, añadió–: He estado mirando como montas. Tú y Trueno, formáis un gran equipo.

–¿Has ganado alguna vez un concurso de saltos, Lucy? –preguntó Elisabet.

Lucy fijó los ojos en la silla que limpiaba y se encogió de hombros.

–Unos cuantos –murmuró–. Pero hace mucho tiempo.

–Ted, ¿estás preparado para entrenarme con los saltos?

Ellen Riteman había aparecido en la puerta. Vestía pantalones de montar de color beige, un jersey de cuello de tortuga del mismo color y unas botas negras brillantes que parecían recién estrenadas. Llevaba el corto pelo negro sujeto en una coleta.

–Ésta es Lucy Benson –le presentó Ted–. Lucy, ella es Ellen Riteman, la propietaria de Nieve.

–Hola –saludó Lucy con timidez–. Nieve es un hermoso caballo.

–Ya lo sé –respondió Ellen–. ¿En qué grado estás? No recuerdo haberte visto.

–En séptimo. Sólo hace un par de meses que hemos venido a vivir a Sweet Valley. Antes, vivía en Grove Hills, a unas cincuenta millas al norte de aquí.

–Oh, qué bien –soltó Ellen en tono indiferente. Centró toda su atención en Ted al que preguntó parpadeando coquetamente–: ¿Vienes Ted, o tendré que arrastrarte fuera de aquí?

–Había prometido enseñar a Ellen unos cuantos trucos –explicó Ted a las chicas–. ¿Queréis venir?

–Yo todavía no he terminado –arguyó Lucy.

–La silla puede esperar –objetó Ted.

–Venid y veréis cómo cabalga una buena amazona –alardeó Ellen.

El grupo se encaminó hasta el lugar donde tenía su caballo atado. Lo montó y entró en la pista. Lucy, Elisabet y Ted se quedaron sentados en el borde de la valla, contemplándola.

–¡Allá voy, cinta azul! –gritó Ellen cabalgando a trote corto sobre Nieve alrededor de la pista. El caballo sostenía la cabeza erguida con elegancia y Ellen sonrió confiada al pasar por delante de los tres espectadores.

–Salta bien los obstáculos bajos –susurró Ted señalándolos–. Pero, últimamente, no acaba de dominar los otros. Ellen entrará a competir en la categoría juvenil, la que precede a la mía, la de saltos.

Ellen encaró a Nieve y ambos salvaron los primeros tres obstáculos sin ningún inconveniente. Pero, en cuanto se acercaron al cuarto, el caballo cambió bruscamente de dirección y pasó de largo.

–¡*No me obedece!* –gritó Ellen presa de rabia sujetando fuerte las riendas y obligando al caballo a detenerse.

–Tranquilízate, Ellen –aconsejó Ted–. Domínalo con las riendas hasta conseguir que se coloque como es debido.

Ellen miró exasperada al animal.

–Vamos, Nieve –gruñó–, será mejor que te portes bien esta vez o tendré que tomar medidas drásticas contigo.

Nuevamente Nieve saltó sin dificultad los

tres primeros obstáculos flotando graciosa-
mente en el aire y, nuevamente, rehusó saltar el cuarto.

–¡Parece imposible! –exclamó Ellen
poniendo el caballo al paso.

–Ellen, esto exige práctica –le indicó Ted
en tono suave–. El caballo ha de sentirse
cómodo contigo en la pista, de lo contrario
se negará a saltar.

–¡No es culpa mía si es terco! –protestó
Ellen, propinando un golpe seco con la fusta
al animal y conduciéndolo afuera de la
pista.

Ted movió la cabeza.

–Ellen no se caracteriza especialmente por
su paciencia –comentó.

–Pobre Nieve –se compadeció Elisabet–.
No es culpa suya. Sencillamente aún no se
ha acostumbrado del todo a Ellen.

–Yo tuve el mismo problema con Estrella
cuando empecé a saltar con él –comentó
Lucy–. Resultó más culpa mía que suya.

–¿A qué te refieres? –preguntó Elisabet.

–Resultó que me sentaba demasiado atrás
en la silla. Ajusté mi postura y se acabaron los
problemas.

–Quizá deberías decírselo a Ellen –sugirió Elisabet–. Podría serle útil.

Los tres se dirigieron a las cuadras donde

hallaron a Ellen murmurando por lo bajo mientras desensillaba a Nieve.

–Ellen –dijo Ted–, hemos estado hablando con Lucy y ella dice que precisamente tuvo el mismo problema que tú.

–¡*Yo* no tengo ningún problema! –estalló Ellen–. ¡Lo tiene el caballo!

–Al principio, Estrella *también* se negaba a saltar –empezó Lucy–, pero cuando me di cuenta de que...

–¿Y desde cuándo eres una experta en caballos? –la interrumpió Ellen.

–Lucy ha ganado varias cintas azules, Ellen –explicó Elisabet acudiendo en defensa de su nueva amiga.

–Ya... –soltó Ellen en tono sarcástico, cruzándose de brazos mientras miraba con hostilidad a Lucy–. Ya que eres tan buena, ¿por qué no nos lo demuestras? ¡Llévate a Nieve a la pista y demuestra cómo se gana una cinta azul!

Las mejillas de Lucy ardían. Miró a Nieve y el labio inferior le tembló imperceptiblemente.

–Pero... –Y se quedó sin poder continuar.

–¿Pero qué...? ¿O quizá la verdad es que nunca has montado un caballo en tu vida? –la acusó Ellen.

–¡No! –exclamó Lucy apasionadamente–.

Me gusta montar. –Y añadió con una mirada implorante dirigida a Elisabet–: Y soy una buena amazona.

–Estoy segura, Lucy –dijo Elisabet con amabilidad.

Lucy se acercó a Nieve y le acarició el hocico.

–¿Te gustaría dar una carrerita? –le murmuró.

–¿Y bien? –apremió Ellen–. ¿Vas a montarlo o no?

Lucy la miró y sacudió la cabeza como si intentara librarse de un mal pensamiento.

–Me gustaría mucho, Ellen, de verdad –dijo al fin–, pero se me hace tarde y he de acabar de limpiar una silla. Quizás en otro momento.

–¡Ya me lo imaginaba! –soltó Ellen en tono de superioridad mientras Lucy se encaminaba a las cuadras.

–Si yo estuviera en tu lugar, escucharía los consejos de la gente –le advirtió Ted.

–Cuando necesite ayuda, te la pediré –respondió Ellen en tono desabrido.

Elisabet corrió para alcanzar a Lucy. La halló en el guadarnés puliendo la silla previamente limpiada.

–No permitas que Ellen te avasalle, Lucy –la aconsejó–. Ella es así.

–Supongo que he quedado como una estúpida, ¿verdad? –preguntó Lucy con los ojos brillantes de lágrimas.

–De ninguna manera –protestó Elisabet–. Si no quieres montar, es cosa tuya.

–No es verdad que *no quiera* montar.

–Entonces, ¿qué te pasa? –preguntó Elisabet sin ningún ánimo de meterse donde no le importaba, pero presintiendo que Lucy necesitaba hablar con alguien.

La chica abrió la boca para hablar pero, de repente, pareció cambiar de opinión.

–¿Qué te parece? –preguntó mostrándole la silla.

–Magnífica –alabó Elisabet. «Si algo le preocupa, no tiene la más mínima intención de contarlo», pensó.

V

–¡Han encontrado otra! –exclamó Adam, señalando hacia un punto en el agua.

Jessica alzó la vista y vio a dos de los voluntarios mayores saltar desde las rocas a las negras aguas aceitosas. Lentamente, se acercaron al lugar donde una gaviota había quedado varada. El ave intentaba batir las alas, pero las tenía cubiertas de una capa tan gruesa de petróleo que apenas las podía mover.

–Siempre es lo mismo –explicó Adam–. Las aves no saben que el agua está contaminada. Aterrizan en ella y la capa de petróleo les cubre las alas, impidiéndoles volver a volar, y mueren de frío porque, además, les destruye su capa natural aislante.

–Hoy, en el Acuario, la guía nos ha dicho que ya han sido salvadas centenares de aves y animales –dijo Jessica.

–Pero muchos voluntarios no consiguen llegar a tiempo –manifestó Adam con tristeza.

–¡Entonces sigamos! –exclamó Jessica–. ¿Qué tengo qué hacer? Aún puedo trabajar una hora más.

Adam se echó a reír.

–Necesitarías semanas. Y eso que este vertido *es* de los pequeños.

Semanas de duro trabajo en un charco aceitoso no se identificaba precisamente con la manera ideal de divertirse que tenía Jessica. Pero si podía hacer algo para salvar animales como Bigotes, creía que valía la pena. Además, Adam era atractivo de veras. Y a lo mejor tendría suerte y no le tocaría meterse en medio del charco de petróleo para rescatar ninguna ave.

–¿Qué tengo que hacer exactamente? –pidió.

–Hay que rascar la capa espesa que ha quedado sobre las rocas y, más tarde, otros expertos las acabarán de limpiar. –Adam inclinó la cabeza y la miró dubitativo–. En cuanto a tu ropa, Jessica...

–¿No te gusta? –preguntó ella inocentemente.

–Oh, sí –respondió el chico con presteza–. Estás muy bien, pero se te va a ensuciar. Sería mejor que te pusieras un par de pantalones usados y una camisa vieja.

–No importa –declaró Jessica, echándose el pelo hacia atrás.

Pero al cabo de veinte minutos tuvo que reconocer que Adam estaba en lo cierto. Hubiera sido mucho mejor haber traído ropa vieja. Tenía las piernas llenas de aceite, y el pantaloncito y la blusa que llevaba estaban hechos una lástima.

Ambos, Adam y Jessica, enjuagaban con trapos el petróleo de encima de las rocas y lo escurrían en unas latas que, más tarde, eran vaciadas en barriles por otros voluntarios. Una vez llenos, unos camiones se los llevaban.

–Esto me recuerda el chicle –declaró Jessica mirando la colección de latas de Adam–. Cuando se te pega a la suela del zapato en un día de calor no hay quien lo despegue.

–Sólo que esto es mucho más peligroso –replicó Adam.

–¡Me gustaría ponerle la mano encima al responsable de todo esto! –estalló Jessica–. ¡Estoy hecha una porquería!

–A mí me pareces muy bien –manifestó Adam con timidez–. Además, es fácil limpiar a una persona. Lo difícil es limpiar los diez mil barriles de petróleo vertidos en esta playa.

Jessica se sintió tan halagada por el piropo de Adam que, de momento, no advirtió el significado de lo que el chico acababa de decir.

–¡Un momento! –dijo frunciendo el ceño–. ¿Has dicho diez mil? *¿Diez mil barriles de petróleo?* –Echó una mirada impotente alrededor–. ¡Pero si aún no hemos recogido ni *un* barril!

Adam se secó el sudor de la frente.

–Sí. Es una tarea muy pesada. –Y le sonrió–. Imagino que eso significa que nos veremos durante mucho tiempo.

Jessica cogió un trapo y suspiró. Adam poseía una sonrisa maravillosa. Y era de *octavo*. Pero la sonrisa de Aaron era incluso mejor. Y diez mil barriles era una enormidad de petróleo por limpiar.

Al cabo de un minuto ya se preguntaba si nadie –ni Bigotes ni Adam– merecía tanto esfuerzo.

–¡No te atrevas a tirar esa lata a la basura, Steven Wakefield! –gritó Jessica.

Steven se quedó con la lata vacía de soda en alto, sobre el cubo de la basura.

–¿Por qué no? –preguntó.

–Porque está hecha de aluminio y no puede reciclarse. Por eso.

Steven miró a su hermana con expresión de desconfianza.

–¿Se trata de una broma?

–¡Tendrías que saber que salvar el medio

ambiente no es ninguna broma! –le increpó Jessica.

–Creía que ibas a ayudarme a poner la mesa, Jessica –dijo Elisabet entrando en la cocina.

–Está demasiado ocupada fastidiándome –declaró Steven que también se había enfadado. Le tiró la lata a Jessica–. Toma, es toda tuya.

–¿Has visto las servilletas de papel? –preguntó Elisabet.

–¿Servilletas de papel? ¡Elisabet! ¿Cómo te atreves? –gritó Jessica–. ¿No sabes que cada año se cortan millones de árboles para hacer papel? Creo que deberíamos usar servilletas de tela. Y...

–¿Quiere decir eso que no me vas a ayudar a poner la mesa? –insistió Elisabet con una sonrisa.

–¡Elisabet, creía que por lo menos a ti te interesaba salvar al mundo!

–¿Quién está salvando al mundo? –preguntó la señora Wakefield, uniéndose a ellos en la cocina. Se inclinó y abrió la tapa del horno.

–De repente, Jessica se ha convertido en una ecologista fanática –explicó Steven–. ¡Lo cual quiere decir que es una partidaria fanática de *un* chico!

–Sólo intento proteger el medio ambiente –exclamó Jessica a la defensiva–. Adam dice...

–¿Lo veis? –la interrumpió su hermano–. ¿Qué os decía?

La señora Wakefield sacó el asado del horno y lo puso sobre el mármol.

–¿Qué quieres hacer, Jessica?

–Para empezar, hay que reciclar nuestra basura –manifestó–. Hemos de llenar bolsas por separado. Por ejemplo, latas, papel y botellas de vidrio, y después llevarlos a los centros de reciclado.

La señora Wakefield asintió.

–Me parece una buena idea.

–Yo creo que es una gran idea, Jess –añadió Elisabet con entusiasmo.

–Pero, mamá... –protestó Steven–. Jessica sólo lo hace para impresionar a su nuevo novio.

–¡No es *mi* novio! –protestó Jessica.

–Steven, no importa de dónde procede la idea. La verdad es que es buena. Reciclar es una gran manera de colaborar con la conservación del medio ambiente. –La señora Wakefield sonrió a Jessica–. Además, sé perfectamente dónde puedes empezar a recoger un montón de latas de aluminio.

–¿Dónde? –preguntó Jessica con afán.

–¡Debajo de tu cama! –respondió la señora Wakefield con una carcajada.

El miércoles, después de las clases, Elisabet se encaminó hacia el picadero Carson. Cuando llegó, Ted estaba practicando saltos en la pista. Ellen lo miraba en compañía de algunos empleados, pero a Lucy no se la veía por ninguna parte.

«Probablemente Ellen la ha asustado», se dijo con enojo y se reunió de mala gana con ella.

–Es magnífico, ¿verdad? –comentó–. ¡Estoy segura de que Ted y Trueno ganarán el concurso!

Ellen asintió.

–Ojalá Nieve fuera capaz de hacer lo mismo.

Sonaba tan honesta, que Elisabet estuvo a punto de olvidar su enfado y perdonarle el modo como había tratado a Lucy.

–Con un poco de práctica, lo harás muy bien –le dijo.

Ellen hizo una mueca.

–Pero la práctica es tan *aburrida*... todos los saltos son iguales.

–Yo nunca me cansaría de montar a Trueno –declaró Elisabet, contemplando como el magnífico caballo saltaba sin esfuerzo todos los obstáculos.

–Porque no es tuyo –declaró Ellen–. Yo *he* de conseguir un buen resultado con Nieve; de lo contrario, mis padres dirán que es una pérdida de dinero y lo venderán. –De repente, hizo un gesto señalando el camino que conducía a las cuadras–. ¿Aquélla, no es tu amiga? ¿La gran amazona?

Elisabet saludó a Lucy con el brazo.

–Sólo intentaba ayudarte, Ellen –le dijo en tono seco.

–Hola –saludó Lucy amablemente. Sonrió a Elisabet pero evitó la mirada de Ellen.

–Fíjate en Ted y Trueno –señaló Elisabet–. ¡Parece como si esto no les costara ningún esfuerzo!

–Espero que Ted acabe pronto y pueda entrenarme –se quejó Ellen–. Hace un montón de tiempo que está metido en esta pista.

–Ellen, para Ted es muy importante ganar este concurso –le recordó Elisabet.

–Oh, sí, ya lo sé... –Ellen agitó la mano quitando importancia al argumento–. Debe unos meses de mantenimiento y, si no paga, tendrá que vender a Trueno. No sé porque no le pide el dinero a su padre.

–Quizá no le pueda ayudar –argumentó Elisabet con desagrado–. ¿No se te ha ocurrido, Ellen?

–¿Crees de veras que Ted tendrá que vender a Trueno? –preguntó Lucy sumamente angustiada.

Elisabet asintió con tristeza.

–Sólo si no gana el concurso para obtener el dinero.

–¡Qué terrible! –exclamó Lucy que parecía a punto de llorar.

–¿Por qué te impresionas tanto? –preguntó Ellen en tono indiferente–. El caballo no es *tuyo*...

–Es que sé... imagino lo que debe ser tener que vender un caballo al que se ama –explicó Lucy–. ¡Pobre Ted!

Las chicas contemplaron como Ted y Trueno cabalgaban por la pista. Pero en el salto final, los cascos posteriores de Trueno golpearon el travesaño con tanta fuerza que lo tiraron al suelo.

Elisabet y Lucy entraron en la pista pasando entre el espacio de los barrotes de la valla y colocaron de nuevo el travesaño.

–¡Pruébalo de nuevo, Ted! –gritó Elisabet cuando se reunieron con Ellen.

Pero al repetir por segunda vez la vuelta a la pista, los cascos traseros de Trueno volvieron a golpear el palo y nuevamente éste se cayó.

–No sé por qué tenemos problemas con

este salto –comentó Ted a las chicas después de poner a Trueno al paso–. Ayer lo hizo correctamente.

–Quizá Trueno se sienta cansado –sugirió Elisabet que alargó la mano entre la valla para dar una palmadita cariñosa al caballo.

Ted movió la cabeza en sentido negativo.

–No. Apenas si había empezado a calentarse.

–Podrías dejarle descansar un poco y, entretanto, ayudarme a mí –terció Ellen en tono falsamente dulce.

–Quizá tengas razón, Ellen –asintió Ted.

–Ayer estaba nublado, ¿verdad? –preguntó Lucy de repente.

–Sí, durante casi todo el día –dijo Ted–. ¿Por qué?

–Bien, quizá sea una tontería...

–Seguro –interrumpió Ellen.

–Adelante, Lucy –animó Elisabet.

Ésta respiró hondo.

–He notado que los días soleados, a esta hora –prosiguió Lucy–, la sombra del sol cae cerca del lugar del salto. O bien, el caballo llega deslumbrado o ve una línea falsa en el momento de saltar. Si no puede verlo con claridad, saltará en el momento equivocado. Has de guiarlo adecuadamente.

Ted se dio la vuelta y se fijó en el lugar

indicado. Era cierto. El brillante sol de la tarde dibujaba una larga sombra sobre la línea del salto.

–¡Lucy! ¡Eres un genio! –exclamó–. ¡Apuesto a que es esto lo que ocurre! –Dio un golpecito en el cuello de Trueno–. Vamos, chico. ¡Vamos a saltar esa barrera!

–¿Y yo? –protestó Ellen–. ¡Creía que ibas a dejarlo descansar!

–Más tarde, Ellen –declaró Ted–. He de comprobar la teoría de Lucy.

Ellen soltó un suspiro de impotencia. Unos instantes más tarde, Ted y Trueno pasaban cómodamente por encima del obstáculo, incluso con unos centímetros de sobras.

–¡Lucy, eres maravillosa! –gritó Ted mientras Trueno trotaba orgullosamente por la pista.

La chica enrojeció ante el halago.

–Eres grande, Lucy –insistió Elisabet admirativamente.

Sólo Ellen no demostró nada.

–Sigo diciendo que no tienes más que teoría. Aún no te hemos visto montar.

–Ellen, es evidente que Lucy sabe mucho de caballos –la defendió Elisabet.

–Eso no significa que sepa *montar*. Quizá sólo ha leído un montón de libros acerca del tema –insistió Ellen.

70

–¡*Sé montar!* –se enfadó Lucy–. ¡Y mucho mejor de lo que tú nunca sabrás!

–Demuéstralo –la desafió Ellen.

Lucy apretó la boca en una línea dura. Paseó la mirada de Elisabet a Ellen y de ellas a Trueno.

–Ted –dijo con un leve temblor en la voz–. ¿Me puedes prestar un minuto a Trueno?

VI

Ted se acercó a la valla montando a Trueno.

–Claro –dijo–. Pero, ¿por qué?

Lucy pasó a la pista a través de la valla.

–He de demostrar algo –respondió en tono de determinación.

–¿A Ellen? –preguntó incrédula Elisabet. ¡No era posible que hubiera caído en el desafío de Ellen!

–No, Elisabet. A mí misma.

Ted miró interrogativamente a Elisabet que se encogió de hombros impotente. Él desmontó y entregó las riendas y el casco a Lucy.

–Trueno es tuyo –dijo.

Lucy acarició la hermosa crin del caballo.

–Vamos, chico –susurró–. ¡Sé que podemos hacerlo!

Puso el pie izquierdo en el estribo, montó ágilmente y se sentó con toda facilidad en la silla. Elisabet nunca le había visto aquel brillo de determinación en la mirada. De repente, Lucy había dejado de ser la chica tímida que limpiaba las cuadras. Se la veía tan segura sobre Trueno como el mismo Ted.

–Tranquila, Lucy –le aconsejó Elisabet.

«¿Y si no logra saltar?», se preguntó inquieta.

–¿Quieres que baje unos centímetros la altura de los obstáculos? –ofreció Ted.

Lucy sacudió la cabeza en sentido negativo.

–Déjalos como están.

Con los labios apretados, asió las riendas con tanta fuerza que los nudillos se le pusieron blancos.

Con una ligera presión de las piernas, Lucy y Trueno empezaron la vuelta a la pista. La chica hizo dar al caballo varias vueltas como si quisiera acostumbrarlo al nuevo jinete antes de intentar ningún salto. Cuando pasaron por delante de ella, Elisabet pudo oír que Lucy susurraba a Trueno frases cariñosas de aliento.

–¡Vamos, precioso! ¡Lo vamos a lograr!

Se la veía cómoda sentada en la silla, pero a Elisabet le pareció advertir un aire de vacilación en la mirada que la obligó a asirse con fuerza al borde de la valla.

–Parece muy nerviosa –comentó Ellen en

voz alta cuando Lucy pasó ante ellos por cuarta vez.

De repente, Lucy dirigió a Trueno hacia el primer obstáculo. El animal obedeció de buena gana y, a los pocos segundos, amazona y caballo pasaban por encima con espacio de sobras.

–¡Muy bien! –exclamó Ted en voz baja.

Lucy y Trueno salvaron los dos obstáculos siguientes con la misma facilidad.

–Vamos, Lucy –murmuró Elisabet cruzando los dedos.

Pero cuando se acercaban al salto doble, Lucy pareció vacilar. A medida que Trueno se acercaba al doble obstáculo, su cara estaba cada vez más pálida.

–Está muerta de miedo –comentó Ellen con malignidad.

Pero casi al mismo tiempo, Trueno salvaba el primer obstáculo y, de una zancada, el segundo con la misma facilidad.

–¡Magnífico! –murmuró Ted.

–La suerte del principiante –se mofó Ellen.

Al término del recorrido, Elisabet y Ted prorrumpieron en aplausos.

–¡Ha sido increíble, Lucy! –exclamó Ted cuando Lucy y Trueno se les acercaron al trote.

Elisabet vio que las manos de Lucy temblaban.

–¿Estás bien? –le preguntó preocupada cuando desmontó.

–Quizá deberías sentarte –dijo Ted.

Lucy soltó un suspiro hondo y tembloroso.

–Lo he conseguido, ¿verdad? –dijo como si no acabara de creerlo.

–Parecías toda una campeona y estoy convencido de que Trueno opina lo mismo –alabó Ted.

Lucy se adelantó para rascar la oreja del caballo, que bajó la cabeza y con el hocico frotó suavemente el hombro de la chica.

–Creo que Lucy te ha demostrado que estabas equivocada, Ellen –dijo Ted.

Ésta se encogió de hombros.

–No me ha demostrado nada –rebatió con los labios apretados–. Si eres una amazona tan buena, ¿cómo es que no tienes tu propio caballo? –le preguntó a Lucy.

La sonrisa de la cara de ésta desapareció.

–*Tenía* un caballo –dijo–. Un gran caballo.

–Se llamaba Estrella– añadió Elisabet.

–¿Y dónde está Estrella ahora? –siguió Ellen en tono desafiante.

–No es cosa que te importe, Ellen –intervino Elisabet al ver la expresión torturada de la cara de Lucy cuando entregaba las riendas a Ted.

–Aún he de acabar de limpiar las sillas. Gracias por dejarme cabalgar, Ted.

–Cuando quieras –dijo éste y, cuando Lucy ya no podía oírlos, increpó a Ellen–: ¡No está bien meterse tanto con la gente!

–Sólo *preguntaba* –se defendió ésta.

–Si hubiera querido que supiéramos lo que le ocurrió a su caballo, ya nos lo hubiera contado –añadió Elisabet.

Pero, mientras contemplaba a Lucy entrando en el guadarnés, no pudo impedir preguntarse qué le habría ocurrido al caballo de la chica.

Cuando aquella tarde Elisabet llegó a su casa de vuelta del picadero, asomó la cabeza a la habitación de su hermana para ver si ya había llegado de la playa.

–¡Hola, Elisabet!

Jessica estaba sentada pintándose de rosa las uñas de la mano derecha.

–¿Es ésa la nueva moda en las cuadras? –preguntó sonriendo.

–¿A qué te refieres? Siempre llevo estos pantalones.

–Me refiero a la paja que llevas en el pelo.

Elisabet se llevó las manos a la cabeza y extrajo unas briznas de paja del cabello.

–¡Vaya! –dijo con una risa–. He estado ayudando a Ted y a Lucy a descargar unas balas de paja. Como mínimo hace juego con el color de mi pelo. –Se sentó en la cama de Jessica–. ¿Y desde cuando te pintas las uñas?

–Desde que he empezado a meterlas en fango negro –se lamentó Jessica–. Las manos me quedan como las de Steven cada vez que ayuda a papá con el motor del coche.

–Pero al menos es por una buena causa –señaló Elisabet.

–Sí –admitió Jessica–. Pero es muy frustrante. Cada vez que parece que conseguimos disminuir la mancha, aparece más petróleo. Me temo que nunca lograremos limpiar la playa.

–Por cierto, ¿cómo está Bigotes? –preguntó Elisabet desde la cama de Jessica.

–Adam ha llamado hoy al Acuario. Parece que esta mañana ha comido un poco más, pero sigue estando muy débil. Adam y yo iremos el sábado a visitarlo.

–Pobrecito –se compadeció Elisabet–. No puedo olvidar esos ojazos negros que tiene.

–Yo tampoco –suspiró Jessica–. Estoy muy preocupada.

–¿Continuarás ayudando en la limpieza? –preguntó Elisabet.

Jessica se encogió de hombros.

–Adam dice que este fin de semana tendremos mal tiempo. Si llueve, no podremos hacer nada. Hay que cruzar los dedos.

–¿Para qué? ¿Para el mal tiempo o para el bueno? –bromeó.

Jessica levantó la mano a cierta distancia y se examinó las uñas con mirada crítica.

–El bueno, supongo. –Y sonrió a Elisabet–. Como Adam espera que siga yendo, imagino que no tendré más remedio que continuar.

Quince minutos más tarde, cuando se reunió con la familia a cenar, Jessica seguía soplando las uñas para secárselas.

–Lo siento. Llego tarde –se disculpó–. Una emergencia de uñas.

–Oh, si ha sido por algo tan *importante*... –ironizó Steven.

–¿Cómo le va el entrenamiento a tu amigo Ted? –preguntó el señor Wakefield a Elisabet mientras pasaba el cuenco con puré de patatas a Steven.

–Muy bien –respondió Elisabet–. Él y Trueno están en una gran forma. Estoy segura de que ganará el concurso, especialmente ahora que Lucy lo ayuda.

–¿Lucy? ¿Tu nueva amiga del picadero Carson? –preguntó la señora Wakefield.

Elisabet dio un mordisco al pollo mientras asentía con la cabeza.

–Lucy es una amazona magnífica. Tendríais que verla saltar con Trueno.

–¿Por qué no la invitas algún día? –sugirió su madre.

Elisabet se encogió de hombros.

–Lo haré. Pero no creo que venga. Lucy es... un poco reservada. Casi no habla nunca de ella misma. En realidad, casi no habla de nada excepto de caballos.

–Quizá sólo sea tímida –sugirió su madre–. A lo mejor cree que sólo te interesa porque sabe de caballos.

–Quizá tengas razón –dijo Elisabet en tono reflexivo.

–Y tú podrías invitar también a Adam –añadió la señora Wakefield sonriendo a Jessica.

–¡De ninguna manera! –exclamó Jessica–. Creería que me gusta o algo por el estilo. –Cogió una servilleta de papel añadiendo–: ¿Además, qué pensaría al ver que todavía usamos *esto*?

Después de la cena, Elisabet llamó por teléfono al servicio de información para pedir el número de Lucy.

El teléfono sonó dos veces y una voz respondió:

–Residencia Benson.

–Hola, ¿está Lucy? –preguntó Elisabet.

–Sí. Habla su padre. ¿Quién pregunta por ella?

–Elisabet Wakefield.

–Oh, sí. Lucy ha hablado de ti. Debes ser una de sus amigas del club del orfeón.

Elisabet abrió la boca para corregir la equivocación del señor Benson pero éste ya había dejado el aparato.

–¿Hola? –contestó Lucy un instante más tarde.

–Lucy, soy yo, Elisabet Wakefield.

–Oh... ah... –tartamudeó Lucy en voz baja–. ¿Qué ocurre?

–Nada. –Elisabet advirtió, sorprendida, que parecía incómoda–. Sólo quería invitarte a cenar. ¿Si no estás ocupada, quieres venir mañana por la noche?

–Ummm... A lo mejor... –dijo en tono vacilante–. Tendré que preguntárselo a mis padres. Quizá la semana que viene podría ser. –Pero no parecía nada entusiasmada.

–Bien. Mañana me lo puedes confirmar –decidió Elisabet–. Por cierto, tu padre ha mencionado algo de un orfeón.

–¿Qué le has dicho? –preguntó Lucy en tono tenso.

–Nada, no he podido –explicó Elisabet–. No sabía que ibas a cantar a un orfeón.

–¡No voy! –Lucy soltó una risa nerviosa–. Ya sabes... A veces, los padres confunden un poco las cosas...

–¡Ah!

–Tengo que dejarte –dijo Lucy apresuradamente–. Nos vemos mañana, ¿de acuerdo?

–De acuerdo.

Elisabet colgó el teléfono pensativa.

«Me gusta Lucy, pero no la entiendo», pensó.

Al día siguiente, en el picadero, como Lucy no mencionó para nada la invitación de Elisabet para cenar, ésta decidió no insistir. La mayor parte de la tarde ambas chicas se la pasaron controlando el tiempo de los saltos de Ted con Trueno.

–¡Has conseguido una nueva marca, Ted! –exclamó Lucy parando el reloj.

Elisabet comprobó el suyo.

–¡Has rebajado en dos segundos el mejor tiempo que habías conseguido hasta ahora! –añadió.

Ted acercó a Trueno hasta la valla.

–Sois la dos mejores animadoras que me han tocado en suerte. –Sonrió–. Voy a dar otra vuelta antes de que llueva.

Elisabet miró al cielo.

Unos negros nubarrones tapaban el sol y

una brisa fría sacudía los árboles. Sintiendo la tormenta cercana, un potrillo que retozaba juguetón por el prado, se alejó corriendo a refugiarse al lado de su madre.

Mientras Ted repetía los saltos, Elisabet sintió una gota fría en el brazo.

–Será mejor que se apresure –comentó a Lucy mientras un trueno retumbaba en la distancia–. La tormenta se acerca.

Detrás de ellas apareció Ellen montando a Nieve.

–Voy a entrar –dijo con los ojos fijos en un salto perfecto de Trueno–. La lluvia no tardará en caer.

Su caballo relinchó y pateó el suelo nerviosamente.

–No le gustan las tormentas –explicó Ellen a las chicas–. Es un caballo muy nervioso.

Y se alejó al trote hacia las cuadras.

–Parece que los animales presienten cuando se acerca una tormenta –comentó Elisabet–. Incluso antes de que lo sepa el mismo hombre del tiempo.

–Estrella lo sabía siempre –explicó Lucy–. ¡Y también odiaba las tormentas!

En aquel momento, un zigzag deslumbrante cruzó el cielo seguido de una trueno ensordecedor. Trueno se detuvo súbitamente de golpe con las orejas tiesas apenas a unos centímetros del último obstáculo.

Ted intentó desesperadamente dominarlo con las riendas, mientras el animal agitaba las patas desordenadamente y relinchaba aterrorizado.

El trueno era tan ensordecedor que Elisabet ni siquiera pudo oír su propio grito de terror cuando vio que Ted era lanzado por los aires y caía al suelo.

VII

Ted se quedó inmóvil mientras gruesas gotas de lluvia golpeaban el suelo.

–¡Ted! –gritó Elisabet–. ¿Estás bien?

La única respuesta que recibió fue un apagado lamento.

–¡Aprisa! –gritó ella, trepando sobre la valla y entrando en la pista lo más aprisa que pudo. Con Lucy pisándole los talones, llegó hasta Ted y se arrodilló a su lado. El chico tenía la cara blanca y los ojos cerrados, contraídos por el dolor.

–¿Te has hecho daño?

–La pierna del accidente –murmuró Ted–. Creo que me la he vuelto a romper.

Elisabet le apretó la mano fría y sudorosa.

–No te preocupes, no pasará nada. Llamaremos a urgencias –dijo con calma, y dirigiéndose a Lucy, agregó–: Yo me quedo con Ted. Pide a Ellen o a alguno de los mozos de cuadra que te dé un par de mantas. Debemos mantener a Ted lo más caliente posible.

Lucy miró al cielo de donde ya caía una lluvia densa.

–Pero la lluvia... –empezó.

–Busca también un impermeable o un paraguas –ordenó Elisabet con toda la calma que podía–. ¡Aprisa!

Lucy asintió y salió a toda prisa.

–¿Por qué no pruebo de levantarme? –sugirió Ted apoyándose en un codo.

–Si tienes algo roto, no creo que debas moverte, Ted.

–¡Pero te quedarás empapada!

–No te preocupes por *mí* –dijo ella con una risa falsamente tranquilizadora.

De repente, otro trueno horrísono llenó el aire y una lluvia torrencial se desencadenó sobre ellos. Trueno trotaba nerviosamente alrededor de la pista.

Elisabet vio a Ellen y dos mozos de cuadra que se acercaban corriendo. Ellen traía un paraguas que sostuvo encima de Ted, asegurándose de paso que ella misma quedara también a cubierto de la lluvia.

–¿Te duele? –preguntó.

–No tanto como mi orgullo –bromeó Ted.

Elisabet le dio un ligero apretón en el brazo y le sonrió. Con el rabillo del ojo vio que Trueno se acercaba vacilante al grupo.

–¡No pasa nada, chico! –le gritó–. Sólo es un poco de lluvia.

En aquel momento, se oyó en la distancia la sirena de una ambulancia.

–No te preocupes –dijo Ted a Trueno–. Pronto nos pondremos bien.

Así que llegó la ambulancia, Elisabet intentó llamar al padre de Ted al número que éste le había dado. No estaba, pero la persona que contestó prometió darle el mensaje. A continuación, llamó a su madre.

Ésta llegó rápidamente al picadero y llevó a Lucy y a Elisabet al hospital Joshua Fowler Memorial de Sweet Valley. Las chicas se sentaron en la sala de espera de urgencias mientras la señora Wakefield se interesaba en recepción por el estado de Ted.

–Le están haciendo una radiografía –contó a las chicas cuando volvió–. Me han dicho que tardarán todavía un poco antes de dejarlo salir.

–¿Podemos esperar, mamá? –pidió Elisabet–. Quisiera saber qué le ha pasado.

–Claro. ¿Quieres que llame por teléfono al señor Rogers hasta que lo encuentre? –se ofreció.

–Gracias, mamá –asintió Elisabet aliviada.

Mientras la señora Wakefield iba al teléfono público, Lucy y Elisabet permanecieron sentadas en silencio en la sala vacía. Sin embargo, a Lucy se la veía muy nerviosa. Cruzaba las piernas continuamente y miraba incesantemente hacia el largo pasillo que desembocaba en una puerta con un letrero que decía «Urgencias».

–Odio el olor de los hospitales –comentó.

Elisabet respiró profundamente y arrugó la nariz.

–Sí. Huele de una forma especial –miró el reloj–. Se hace tarde. ¿No crees que deberías llamar a tus padres?

Lucy negó con la cabeza.

–No me esperan en casa hasta las seis. Les he dicho que... Ummm... ayudaría a Ted hasta tarde.

La señora Wakefield entró de vuelta en la sala.

–El padre de Ted ya viene. Le he dicho que le esperaríamos hasta que llegue.

De repente, Lucy asió a toda prisa una revista y se tapó la cara con ella fingiendo que la leía con mucha atención.

–¡Pero si es la pequeña Lucy! –exclamó una enfermera vestida con un inmaculado uniforme blanco que en aquel momento pasó por la sala de espera–. ¿Eres tú la que está detrás de esa revista?

Lucy la bajó lentamente.

–Sí, soy yo –respondió en voz baja.

–Últimamente no te hemos visto. ¿Cómo estás?

Sus mejillas enrojecieron.

–Estoy *bien* –respondió en tono firme.

–Cuanto me alegro. He de irme. Cúidate.

La enfermera continuó su camino.

Lucy volvió a coger la revista y se concentró en la lectura.

Elisabet notó que el labio inferior le temblaba ligeramente.

–Esta enfermera es... –Lucy hizo una pausa y continuó–... una amiga de mamá. Vive cerca de casa.

–Qué bien –comentó Elisabet que intercambió intrigada una mirada con su madre.

–Sólo la he visto un par de veces –siguió Lucy en tono tenso–. No sé *por qué* me ha hablado con tanta confianza.

–Seguro que sólo quería ser amable –manifestó la señora Wakefield.

–Pues podía haberse ocupado de sus propios asuntos –declaró Lucy con las mejillas nuevamente rojas.

Elisabet no sabía qué decir. Quizá Lucy estaba muy preocupada por Ted o, a lo mejor, era cierto que odiaba los hospitales.

–¿Qué va a ocurrir ahora con Trueno?

–dijo finalmente–. Ted no podrá participar en el concurso.

–Esperemos a ver lo que dice el médico –manifestó la señora Wakefield–. Quizá las cosas no sean tan malas como creemos.

Lucy volvió a mirar angustiada el largo corredor.

–Seguro que Ted podrá cabalgar en poco tiempo –aseguró en un tono decidido.

–Tienes razón, Lucy –asintió Elisabet–. A lo mejor sólo es una torcedura.

Deseaba desesperadamente creer en sus propias palabras, pero la verdad era que dudaba de lo que acababan de decir. Aquella pierna solía dolerle de vez en cuando y era probable que esta vez tardara más en curarse.

Las puertas de la sala de urgencias se abrieron y apareció un ayudante empujando una silla de ruedas. Ted iba sentado en ella. Llevaba la pierna extendida y tapada con un lienzo.

–¡Ted! –gritó Elisabet.

–No está muy despierto –avisó el ayudante–. Le han puesto calmantes.

–¡Estoy la mar de bien! –farfulló Ted con una sonrisa. Se inclinó hacia Elisabet–. Dime una cosa, Elisabet.

–¿Qué, Ted?

–¿Cómo voy a montar a Trueno con esto en la pierna? –Y apartó el lienzo y mostró la pierna enyesada desde la rodilla al pie.

Aquel sábado, Ted insistió en ir al picadero con muletas y todo. Bravamente, pidió a todo el mundo que le firmaran la escayola e hizo un sin fin de bromas acerca de ser el primer ganador de una cinta azul de la historia de Sweet Valley con un yeso en la pierna. Pero Elisabet advirtió la tristeza de sus ojos cuando contemplaba saltar a Ellen en la pista.

–¿Cuándo te sacarán el yeso, Ted? –preguntó Lucy.

–Dentro de unas seis semanas –respondió Ted–. Quizá más. –De repente, propinó un fuerte puñetazo en la valla de la pista–. Tengo que admitirlo. No tendré más remedio que vender a Trueno.

–¡No! –gritó Elisabet–. ¡Ha de haber alguna otra solución!

–Quizá el señor Carson te dará otro plazo más –sugirió Lucy.

–Ya me ha dado tres –le recordó Ted–. Además, ¿de dónde sacaría la suma total que necesitaría? No me queda otra solución.

–No es justo –se lamentó Lucy–. Trueno es un magnífico caballo y tú te has entrenado tanto...

–Cuando pienso en todas las molestias que tú y Elisabet os habéis tomado para ayudarme... –Se le ahogó la voz–. ¡Qué lástima!

De repente, Elisabet tuvo una idea maravillosa.

–¡Hay una solución, Ted!

–¿De qué estás hablando?

–Conozco a alguien que domina los saltos tanto como tú y con quien Trueno se siente absolutamente cómodo.

Dedicó a Lucy una mirada cargada de esperanzas. Una sonrisa iluminó la cara de Ted.

–¡Perfecto! –exclamó–. ¡Lucy *puede* montar a Trueno en el concurso!

Lucy se quedó con la boca abierta.

–¿*Yo?* –preguntó entre inquieta y asombrada.

–¡Eres una gran amazona, Lucy! –exclamó Elisabet entusiasmada–. Estoy segura de que, si participaras, ganarías el primer premio.

Lucy negó con la cabeza tan violentamente que los rizos del pelo bailaron de un lado a otro.

–¡De ninguna manera! –exclamó–. ¡Os habéis vuelto locos!

Elisabet y Ted se miraron.

–Yo no creo que me haya vuelto loca –comentó la primera–. ¿Y tú, Ted?

–Que yo sepa, mi cabeza sigue funcionando como siempre –alegó éste con una sonrisa–. ¡Por favor, Lucy! Eres mi última esperanza para salvar a Trueno.

–No puedo –declaró Lucy con cierto desfallecimiento–. Me gustaría muchísimo ayudarte a conservar a Trueno, Ted, pero me es imposible hacer lo que me pides.

–¿Qué ha de hacer? –preguntó Ellen, acercándose montada en Nieve.

–Queremos convencer a Lucy para que monte a Trueno en mi lugar –respondió Ted.

–Pero *no puedo* –insistió Lucy en tono desolado.

–Dirás que *no quieres* –se mofó Ellen–. ¡Sabía que sólo presumías, Lucy Benson! Es muy fácil presumir de algo cuando no has de demostrarlo. Pero ahora tienes miedo de fracasar en el concurso de saltos, ¿no es así?

Lucy cuadró la mandíbula.

–No es cierto, Ellen.

–No importa –dijo Elisabet en tono apaciguador–, lo comprendemos.

Aunque Elisabet no estaba *muy segura* de comprenderlo. ¿Acaso Lucy no se daba cuenta de que ella era la única esperanza de Ted?

–Lo siento muchísimo, Ted –musitó Lucy.

Éste se encogió de hombros.

–No te preocupes, Lucy. Lo comprendo. Iré a ver un momento a Trueno –añadió, apartando la vista–. Estoy seguro de que se pregunta por qué no lo saco a cabalgar hoy.

Ted se alejó penosamente, ayudándose en las muletas, contemplado por Elisabet cuyos ojos estaban llenos de lágrimas.

«Tendrás que acostumbrarte. Pronto dejarás de ver a Trueno», se dijo.

VIII

–Me alegra verte al otro lado del vidrio –musitó Jessica mirando por el cristal del gran tanque de agua en la sala principal de exhibiciones del Acuario. Un tiburón se deslizó lentamente mostrando una hilera de dientes afilados como cuchillas.

–Parece un tipo de malas pulgas, ¿eh? –comentó Adam.

Jessica asintió. Contempló un pez brillante, rayado de amarillo y azul.

–Así se supone que debería ser siempre el océano.

–No cubierto de aceite o lleno de basura –corroboró Adam–. A Bigotes le gustaría estar en un sitio como éste.

–Vamos a verlo –propuso Jessica con entusiasmo.

Adam la condujo hasta la enfermería de los animales donde la pequeña foca se pasaba la mayor parte del tiempo.

–Ah, Bigotes, mira quién ha llegado –dijo

el doctor Robinson al ver entrar a Adam y a Jessica–. ¡Tus salvadores!

–¡Hola! –dijo Jessica metiendo un dedo entre la reja de la jaula de la foca.

Bigotes avanzó torpemente impulsándose con las aletas.

–*Rooo* –hizo, emitiendo el mismo triste sonido que Jessica le había oído en la playa.

–Pobrecito, tan encerrado... –le comentó Jessica al doctor Robinson–. ¿No podrían dejarlo salir a nadar?

–Me temo que no, Jessica –replicó el doctor amablemente–. Mucho nos tememos que los productos tóxicos que se le introdujeron en el organismo le impidan la respiración en el agua; por eso queremos mantenerlo lo más cerca posible del equipo de asistencia.

Bigotes tocó el dedo de Jessica con su húmedo y frío hocico.

–Pero parece tan triste...

–Imagino que se siente así –afirmó el doctor–. Pero aún no ha salido de peligro.

–¿Quiere decir que...? –Jessica se interrumpió, temerosa de seguir.

–Ya llevamos atendidas bastantes focas como Bigotes –explicó el doctor–. Es demasiado pronto para abandonar toda esperanza. –El médico miró el reloj–. Es la hora de darle el biberón. ¿Quieres hacer de mamá y dárselo tú? A Bigotes le gustas.

–¡Claro! –aceptó Jessica entusiasmada–. Me encanta. En realidad, podría venir cada tarde después de la escuela hasta que esté mejor.

–Creo que a Bigotes también le encantará –manifestó el doctor–. Espera un momento. Voy a buscarle el biberón.

No tardó en volver con la botella llena de un líquido espeso y parduzco. Iba a tenderle el frasco a Jessica cuando se interrumpió para advertirla:

–Bigotes todavía no ha aprendido buenas maneras en lo concerniente a la comida; mucho me temo que echará a perder tu precioso conjunto.

Jessica contempló sus nuevos pantalones cortos de color caqui.

–No importa –dijo cogiendo el biberón–. Tengo que alimentar una foca hambrienta.

–No sé porque Lucy no quiere ayudarte, Ted –comentó Elisabet al día siguiente mientras medía una ración para un caballo con un cubo–. No lo entiendo.

Ted apoyó las muletas contra la pared del box y se sentó en una bala de heno.

–No sirve de nada insistir, Elisabet –dijo con tristeza.

96

–No voy a hacerlo, pero estoy segura de que ganaría el concurso. Tú dijiste que Ellen tiene buenas posibilidades de vencer y Lucy es mucho mejor que ella.

Ted se puso un dedo en los labios señalando la puerta con un gesto.

–Hola, chicos –saludó Ellen–. ¿Cómo está tu pierna, Ted?

–Bien –respondió éste con una sonrisa sombría–. En un día o dos ya podré correr la maratón.

–Metiste la pata... –soltó Ellen, echándose a reír de su propio chiste–. El señor Carson me ha dicho que ayer recibiste la lista de los participantes.

Ted metió la mano en el bolsillo y sacó una lista mecanografiada.

–Aquí está –dijo–. Puedes echarle un vistazo si quieres. Iba a colocarla en el tablero de la oficina.

Ellen la cogió con afán.

–Veamos... –murmuró–. Sally Owen, George Bullock... Éstos no representan ningún peligro para mí. Colleen Stanley... Su caballo siempre rehúsa saltar el último obstáculo...

Y continuó revisando la lista mientras Ted y Elisabet intercambiaron una mirada divertida.

–Hola, todo el mundo –dijo Lucy entrando en las cuadras–. ¿Aún queréis hablarme?

–*Claro que sí* –aseguró Elisabet–. ¡No digas tonterías!

–Me siento como si os estuviera abandonando –manifestó Lucy en tono de disculpa.

–Eh, tu trabajo no es acudir en mi socorro –declaró Ted–. Olvídalo, Lucy.

–Si pudiera lo haría, Ted...

–*Seguro*... –interrumpió Ellen en tono sarcástico. Agitó la lista en el aire–. Conozco a la mayoría de todos éstos y sé que los puedo ganar –alardeó–. Pero hay algunos de los que nunca he oído hablar. –Volvió a revisar la lista–. Mary Beck, Anita Vasquez, Alison Tatcher... ¿Alguno de vosotros las conoce?

–¿A ver? Déjame la lista –pidió Lucy.

Ellen se encogió de hombros y le tendió el papel.

–Alison Tatcher –repitió Lucy mirando fijamente la lista.

–¿Es amiga tuya, Lucy? –le preguntó Elisabet.

–No precisamente –dijo sonriendo.

Ellen le arrebató el papel.

–No veo por qué te han de preocupar los participantes –declaró con una sonrisa de superioridad–. Cualquiera diría que vas a montar.

Lucy se cruzó de brazos.

–Pues te equivocas, Ellen. Sí voy a participar.

–¡Lucy! –exclamó Elisabet asombrada–. ¿Quieres decir que tomarás parte en la competición?

Lucy asintió con un gesto. La sonrisa de Ellen se desvaneció repentinamente.

–Pero, ¿por qué? –preguntó Ted intrigado.

–Sí, eso, ¿por qué? –repitió Ellen muy nerviosa.

Lucy hizo un gesto con la cabeza en dirección a la lista que Ellen tenía en la mano.

–Digamos que todavía tengo algo que demostrar.

Cuando Jessica hubo terminado de dar el biberón a Bigotes, ella y Adam se fueron a la playa a continuar ayudando en la limpieza.

–¡Mira cuántos voluntarios! –exclamó Jessica cuando aparcaron sus bicicletas en el estacionamiento.

–¡Apostaría a que hay cien por lo menos! –se entusiasmó Adam.

–Aprisa, Adam –le apremió Jessica–. Empecemos en seguida.

–¿De veras? –preguntó Adam echándose

a reír–. Hubiera jurado que estabas harta de tanta suciedad.

Jessica sintió que enrojecía. ¿Tan evidente era?

–Más bien me fastidia llegar cada tarde a casa hecha una pringona. Además, es cierto que empiezo a sentir algo de cansancio. Pero después de pasar la mañana con Bigotes, vuelvo a sentirme con ánimos.

Hacía días que la limpieza había dejado de ser una excusa para ver a Adam. Ella sabía que, con su esfuerzo, ayudaba de algún modo a la pequeña foca.

–¿La quieres, verdad? –le preguntó Adam cuando avanzaban por la arena.

Jessica asintió con la cabeza.

–Antes de que Bigotes apareciera, no me gustaban gran cosa los animales. Esta foca es lo más parecido que he tenido como animalito de compañía.

–Tú le gustas. Esta mañana casi no lo podía creer cuando se ha dormido entre tus brazos después de darle el biberón. –Adam se detuvo y puso una mano en su hombro–. Pero no has de considerarlo como a un animalito de compañía. No dependas demasiado de él. ¿De acuerdo?

Jessica sintió un doloroso nudo en el estómago.

–¿Lo dices porque... podría morir?

–Es posible –asintió Adam con suavidad–. Pero si vive, has de pensar que no es un animal doméstico. No es bueno para él apegarse demasiado a los humanos. Algún día Bigotes tendrá que sobrevivir por sus propios medios.

En aquel momento, Jessica no quería pensar en la posibilidad de perder a Bigotes. Le dolía demasiado. Quizás Adam se equivocaba. Quizás había alguna manera de que ella y Bigotes pudieran continuar siendo amigos. ¿Era posible, no?

Delante de ellos, un grupo de alumnos de la escuela superior provistos de palas llenaban una carretilla con arena sucia.

–La playa ya se ve mejor –declaró Jessica en tono optimista.

Adam señaló hacia las rocas donde Jessica había encontrado a Bigotes.

–Las más grandes ya casi han recuperado su aspecto normal.

–¡Jessica! ¡Jessica Wakefield!

Al volverse, vio a Ellen Riteman que venía corriendo por la arena.

–¡Jessica! –repitió Ellen sin aliento– ¡Espera!

–Hola, Ellen –la saludó Jessica–. ¿Has venido a ayudar en la limpieza?

101

–¿Estás loca? –exclamó Ellen que al ver a Adam le dedicó una sonrisa resplandeciente.

Jessica suspiró.

–Ellen, éste es Adam. Adam, te presentó a Ellen.

–Hola. Encantado de conocerte –saludó Adam.

–Jessica, tengo que hablar contigo –declaró Ellen con urgencia–. En privado. Asunto de las Unicornio.

Jessica alzó la vista al cielo. Tenía el presentimiento de que fuera lo que fuese lo que inquietaba a Ellen, no tenía punto de comparación con sus propias preocupaciones.

–Voy a saludar a los demás voluntarios –dijo Adam con una sonrisa.

–¡No te imaginas lo que ha ocurrido! –exclamó Ellen en cuanto Adam se hubo alejado.

–¿Qué es? –preguntó Jessica cruzándose de brazos.

–Ya sabes que Ted Rogers se rompió la pierna.

–Elisabet me lo dijo.

–¡Bien! ¡Acabo de enterarme de que Lucy Benson va a montar a Trueno en el concurso juvenil!

–Ya. ¿Y qué?

–¿*Cómo y qué?* –gritó Ellen–. ¡Competirá conmigo! ¿Y si me gana? Ya sabes que Trueno es un caballo muy bueno.

–Siempre dices que es el jinete y no el caballo quien gana un concurso de saltos –señaló Jessica–. ¿Lucy es mejor jinete que tú?

–Ella *lo cree*. –Ellen dio un puntapié a una piedra–. Pero sólo es una presuntuosa. Además, creo que hay algo muy extraño en esa chica.

–¿Qué es lo extraño?

–Por ejemplo, no quiere contar dónde aprendió a montar. Afirma que tenía un caballo, pero no dice qué pasó con él. Creo que se trata de un secreto que no quiere que se descubra. –Ellen miró a su alrededor–. Por eso he venido a buscarte.

Jessica entornó los ojos.

–No me vengas con ésas, Ellen. Esto *no* es una cuestión de las Unicornio. Si tienes algún problema sobre caballos, se lo preguntas a Elisabet.

–¡De eso se trata! Elisabet y Lucy son amigas. Quiero averiguar todo lo que pueda sobre Lucy. Seguro que se lo ha contado a Elisabet.

–Últimamente no veo mucho a mi hermana –declaró Jessica–. Casi cada día vengo aquí, a la playa.

–Abre los ojos y los oídos –le pidió Ellen con afán–. Quiero saber lo que oculta Lucy.

–Pero, *¿por qué?*

–Porque he trabajado demasiado para permitir que me robe *mi* cinta azul –replicó Ellen con decisión–. Si Lucy Benson tiene alguna especie de secreto, ¡quiero descubrir *de qué* se trata!

IX

–Estoy muy contenta de que finalmente hayas venido a mi casa a cenar –dijo Elisabet el jueves por la noche mientras se encaminaba a su casa desde al picadero en compañía de Lucy–. Así podremos conocernos mejor. Esta semana parece que de lo único que hemos podido hablar Ted, tú y yo, es del próximo concurso.

–Es que, por mi parte, no puedo pensar en otra cosa –dijo Lucy sonriendo.

–Yo tampoco –afirmó Elisabet–. Estoy tan emocionada. Me parece que soy *yo* la que va a competir.

–A veces lo desearía –confesó Lucy–. Tengo tanto miedo de fracasar por Ted... O peor...

–¿Peor? ¿Qué quieres decir?

Lucy se encogió de hombros.

–Nada –respondió rápidamente–. Caerme, hacer el ridículo... Cosas por el estilo.

–Yo no me preocuparía por nada de eso. Ted está seguro de que vas a ganar.

–No sé... Compiten un buen número de buenos jinetes –arguyó Lucy en tono serio–. Muy buenos.

–¿Cómo la chica de la lista? –preguntó Elisabet.

–¿A Alison Tatcher te refieres?

Lucy pronunció el nombre como si le hiciera daño sólo citarlo.

–¿Es buena amazona?

Lucy asintió con un movimiento de cabeza.

–Sí. Las cintas azules que ha ganado lo demuestran.

Las chicas dieron la vuelta a la esquina y entraron en la calle donde vivían los Wakefield.

–Tú también las has ganado –le recordó Elisabet–. ¡Y el sábado tendrás otra!

Lucy le dedicó una sonrisa de agradecimiento.

–Gracias Elisabet. Resulta muy agradable tenerte a mi lado.

–Por cierto –añadió Elisabet–, he estado pensando en escribir un artículo sobre este certamen para *Sexto Grado*. Una especie de narración sobre el ambiente previo al concurso. Pensaba hacerte una entrevista.

–¡No! –exclamó Lucy.

Elisabet se echó a reír.

–No te preocupes. No serán más que unas preguntas sencillas acerca de como te preparas para el gran día.

–No. Lo digo de veras, Elisabet –insistió Lucy–. No quiero ninguna entrevista.

–¿Pero por qué no? –preguntó Elisabet desencantada.

–Porque soy... no sé... muy tímida.

–De acuerdo –cedió Elisabet con suavidad–. Se la puedo hacer a Ellen. Después de todo, es una alumna de sexto.

–Muy buena idea –alabó Lucy con alivio.

Al llegar a casa de los Wakefield, Elisabet presentó a Lucy a sus padres y se la llevó arriba a su habitación. Encontraron a Jessica en el cuarto de baño limpiándose las uñas. Dos hermosas manchas de petróleo le decoraban las mejillas y el suelo del baño estaba sembrado de una especie de arena negra.

–Jess, ésta es Lucy Benson –dijo Elisabet.

–¿Lucy? ¿La chica de los caballos? –preguntó Jessica con interés, mirándola por encima del hombro.

Lucy se echó a reír.

–¡Exacto! Soy yo.

–Me alegro mucho de conocerte, Lucy –exclamó Jessica efusivamente–. ¡Elisabet me ha hablado mucho de ti!

Elisabet miró sorprendida a su hermana.

Últimamente, apenas habían tenido tiempo de hablar y estaba segura de que sólo le había mencionado a Lucy un par de veces a lo sumo. Allí se cocía algo.

–Siento mucho toda esta suciedad –se disculpó Jessica.

–Jessica colabora con la limpieza de la playa –explicó Elisabet.

–¿Cómo va? –preguntó Lucy.

–No va mal –respondió Jessica, enjuagándose las manos con abundante agua del grifo–. El coordinador dice que hemos adelantado más de lo previsto. –Se secó las manos y cara con la toalla–. Pero no hablemos más de mí. Cuéntame algo de ti y de Trueno.

Elisabet entornó los ojos intrigadísima. ¿Desde cuándo a su hermana no le gustaba hablar de sí misma por encima de todo?

–¿Te encuentras bien, Jessica? –le preguntó educadamente.

–Claro que sí –respondió ésta en tono ligero–. Ven, Lucy. Te enseñaré mi habitación.

Elisabet y Lucy siguieron a Jessica hasta su habitación y se sentaron en la cama.

–Me pregunto dónde habré puesto mi ejemplar de «El corcel negro» –murmuró Jessica, buscando entre las cosas de su escritorio.

–¿*Tu* ejemplar? –repitió Elisabet boquiabierta.

–¡Oh! ¡Me encanta este libro! –exclamó Lucy.

–A mí también –afirmó Elisabet–. Lo he leído tres veces.

–Háblame de ti, Lucy. ¿Cuándo empezaste a montar? –inquirió Jessica dulcemente.

–Oh, hace mucho tiempo –respondió Lucy con vaguedad.

–¿Tienes tu propio caballo?

Lucy parecía incómoda.

–Ya no.

–¿Y qué le ocurrió? –insistió Jessica.

–¡Jessica! –saltó Elisabet–. ¡No te metas en lo que no te importa!

–¿Qué hora es, Elisabet? –preguntó Lucy, de repente, buscando un reloj por la habitación.

Ésta miró su reloj de pulsera.

–Las seis menos diez. ¿Por qué?

–Nada importante. –Bajó de la cama y rebuscó en el interior de su bolsa–. Vuelvo en seguida –dijo encaminándose al cuarto de baño–. Voy a tomar una aspirina.

–¿Tienes dolor de cabeza? –preguntó Elisabet.

Lucy asintió.

–Un poco.

–En el botiquín hay aspirinas –dijo Elisabet.

–No importa. Tengo algunas en la bolsa.

Mientras Lucy entraba en el cuarto de baño, Elisabet se fijó que sacaba un botellín de la bolsa.

Lucy se dio cuenta y cerró rápidamente la puerta.

–No parece un tubo de aspirinas –comentó Jessica en voz baja.

–No es nada que te importe –declaró Elisabet a pesar de estar pensando lo mismo–. Y ya que estamos en eso, ¿desde cuándo te interesan mis amigos del mundo de los caballos?

–Siempre me han interesado –replicó Jessica en tono ofendido.

–¡Nómbrame uno!

Jessica sonrió.

–¿Qué me dices de Ted Rogers? Me interesa mucho.

–Sabes perfectamente de qué estoy hablando, Jess –dijo Elisabet marcando cada sílaba.

La puerta del cuarto de baño se abrió y Lucy entró de nuevo en la habitación de Jessica.

–¿Por qué no vamos abajo? –propuso Elisabet. No quería que su hermana acosara con más preguntas a Lucy–. Casi es la hora de cenar.

–¡Ya verás cuando pruebes la lasaña de mamá! –exclamó Jessica saltando de la cama–. ¡Es increíble!

–Magnífico –respondió Lucy con una sonrisa–. ¡Me muero de hambre!

Justo cuando estaban a punto de bajar la escalera, sonó el teléfono.

–¡Contestaré yo! –exclamó Jessica, lanzándose hacia el aparato que estaba en el descansillo.

Elisabet y Lucy estaban en la cocina ayudando a la señora Wakefield a hacer la ensalada cuando, al cabo de unos minutos, Jessica entró en la cocina. Tenía la cara congestionada y los ojos enrojecidos. Se dejó caer en una silla sin decir ni una palabra.

–Hija, ¿qué te ocurre? –preguntó su madre preocupada.

–El doctor Robinson –murmuró Jessica–. Le hice prometer que me llamaría en seguida si había algún cambio en el estado de Bigotes. –Los ojos se le llenaron de lágrimas–. Me ha dicho que es posible que la foquita se esté muriendo.

–¡Oh! ¡Lo siento mucho, hija!

La señora Wakefield la abrazó cariñosamente.

–Bigotes es una foca que Jessica está ayudando a cuidar en el Acuario de Sweet Valley –explicó Elisabet a Lucy.

–¿Y qué le pasa? –inquirió ésta.

–Algo terrible –añadió Jessica con tristeza–. Ha sido envenenada por el vertido de petróleo. –Se secó los ojos–. ¡Esta misma tarde le he estado dando el biberón! No ha tomado mucho pero parecía estar bien.

–No te desesperes, Jess –intentó animarla su hermana–. Siempre has dicho que era un animalito con ganas de vivir. Estoy segura de que se salvará.

–No es eso lo que me ha dicho el doctor Robinson –arguyó sombríamente Jessica–. Ha dicho que hay pocas esperanzas. –Se levantó y se encaminó lentamente hacia el vestíbulo–. ¿Te importa que no cene, mamá? No tengo hambre.

Sin más, salió de la cocina. Aquella noche Jessica apenas pudo dormir. Por la mañana, lo primero que hizo fue llamar al acuario para preguntar por el estado de Bigotes. Le dijeron que lo iban a operar alrededor de las diez de la mañana. Los veterinarios intentarían desbloquear sus maltrechos pulmones.

En la escuela, Jessica intentó concentrarse en todas las cosas que solían ser importantes para ella, pero una y otra vez se encontraba pensando en Bigotes. Veía sus grandes ojos oscuros y oía el triste lamento del animalito. Después de haberse pasado la clase de ciencias sumamente inquieta, se decidió.

Así que sonó la campana, saltó del asiento y se precipitó al vestíbulo.

–¡Jessica! ¿Qué te pasa? ¿A dónde vas tan aprisa? –le preguntó Lila cuando por fin la alcanzó–. Toda la mañana has estado muy extraña. Incluso cuando he hecho aquel chiste tan divertido sobre Lois Waller, ni siquiera te has reído.

–Hay cosas más importantes en el mundo que reírse de la gente, Lila –declaró Jessica en tono seco.

–¿Cómo qué, por ejemplo?

–¡Como la vida y la muerte! –gritó Jessica.

–¿Quién ha muerto? –preguntó Lila sin darle importancia.

–Nadie todavía –explicó Jessica en voz baja–. Pero Bigotes está muy mal.

–¡Ah! ¿Y eso es todo? –exclamó Lila con una mueca de desprecio–. Creía que se trataba de algo grave.

–*Es grave* –replicó Jessica–. Por eso voy a la enfermería. Fingiré que estoy enferma y así me dejarán salir de la escuela.

–¿Pensabas escaparte de la escuela y ni siquiera me lo habías dicho? –se ofendió Lila.

Jessica suspiró. A veces, Lila acababa con su paciencia.

–Me escapo de la escuela para ir a ver a Bigotes.

Lila echó una ojeada al reloj.

–Muy bien, cuando hayas terminado con esa foca, seguro que te quedará tiempo para ir al Centro Comercial, ¿verdad? A lo mejor puedo escaparme contigo.

–No estoy de humor para ir al Centro Comercial, Lila.

–Pero *yo* sí –insistió Lila–. Hace *siglos* que no me compro ropa.

Jessica dominó la punzada de envidia que sintió. Tenía cosas más importantes que hacer que soportar a una niña mimada.

–Ahí está la enfermería. ¿Qué aspecto tengo?

–De lo más sano.

–Había pensado usar el truco de poner el termómetro en una bombilla. Es más elegante que vomitar.

–Si quieres hacer ver que tienes fiebre, puedes pellizcarte las mejillas para que enrojezcan –sugirió Lila.

–¡Buena idea!

Jessica se detuvo en medio del vestíbulo y se puso a pellizcarse las mejillas seguido de unas cuantas bofetaditas.

–¿Cómo está? –preguntó.

–Mejor –aprobó Lila–. Tengo que irme a clase. Esta semana ya he llegado tarde dos veces. ¡Buena suerte!

Jessica se detuvo frente al despacho que ostentaba un rótulo que decía «Enfermería». Ante la puerta de vidrio esmerilado se pellizcó nuevamente las mejillas. A continuación, inclinó la cabeza imitando a los enfermos y entró.

–¿A quién tenemos aquí? –exclamó la enfermera Higgins.

Su uniforme blanco estaba perfectamente almidonado y del moño que recogía su pelo oscuro no se escapaba ni un solo cabello. Jessica se acercó a la mesa andando lentamente.

–Ummm... Soy Jessica Wakefield –dijo con voz débil–. No me siento muy bien.

–Ah... ¿Y qué te pasa?

–Tengo fiebre... Es decir, creo que tengo fiebre –respondió Jessica–. Debe de ser un ataque de gripe de un día o dos. Creo que si pudiera irme a casa a descansar, me encontraría mejor.

–¿Estás segura de que no sufres la «enfermedad del viernes»?

Jessica se quedó muy asombrada.

–¿La enfermedad del viernes?

–Sí. Una dolencia muy especial que ataca a los estudiantes cuando se acerca el fin de semana y el tiempo es especialmente bueno.

–No. No me pasa nada de eso –manifestó Jessica que acompañó la frase con una tosecilla teatral.

La enfermera Higgins entornó los ojos.

–Acompáñame.

Se levantó de la mesa y la condujo a la habitación de al lado. Jessica se sentó en la camilla en silencio, contemplando aliviada la brillante lámpara de la pared, justo encima de su cabeza.

La enfermera corrió una cortina alrededor de la camilla. Sacó un termómetro de un recipiente de vidrio con alcohol, lo secó y lo colocó debajo de la lengua de Jessica.

–Volveré dentro de unos minutos.

Así que hubo salido, rápida como una centella, Jessica se sacó el termómetro de la boca y con mucho cuidado, colocó el extremo pegado a la bombilla de la lámpara. En aquel momento, oyó que la puerta de la enfermería se abría.

–Hola.

–Hola, Lucy –dijo la enfermera Higgins–. Últimamente no te veo mucho.

«¡Lucy! –pensó Jessica–. ¿Se tratará de Lucy Benson?»

116

–He olvidado mis pastillas –dijo Lucy con una risita–. No sé que puedo haber hecho con ellas. Seguramente las he olvidado en casa.

–No te preocupes –dijo la enfermera–. Previendo estos casos, el médico me dejó aquí la receta.

Jessica oyó que abrían el botiquín seguido del ruido de agua llenando un vaso.

–Toma, Lucy –dijo la enfermera Higgins.

–Gracias.

–¿Cómo te van las cosas? –preguntó la enfermera–. ¿Has hecho amigos en Sweet Valley? Debe haber sido duro para ti haber tenido que dejar tu antigua escuela.

–Me estoy acostumbrando. Para mi padre ha sido muy conveniente este traslado. Es el empleado más importante de la compañía –explicó Lucy con orgullo–. Siempre lo trasladan para que organice las sucursales nuevas de la empresa. Pero dice que seguramente pasaremos una larga temporada en Sweet Valley.

–Me alegro. Parece que te sientes orgullosa de tu padre...

–Sí –dijo Lucy con calor–. Pero...

–¿Qué?

–Oh, nada. ¡Sólo que desde que me han descubierto este problema, me trata como a un bebé!

Jessica aguzó el oído.

–Tus padres sólo se preocupan por ti –afirmó la enfermera Higgins–. Es natural.

–¡Ya lo sé, pero me obligaron a vender mi caballo! Y no me han permitido volver a montar desde el accidente.

–Recuerdo que tus padres dijeron algo parecido cuando te inscribieron. Pero, ¿no crees que lo único que quieren es tu bienestar?

–¡*Creen* que lo hacen! –exclamó Lucy–. Pero el médico dijo que no hay ningún peligro en que monte mientras lleve el casco y siga tomándome mis pastillas.

–Concede tiempo a tus padres, Lucy –le aconsejó la enfermera–. Tarde o temprano lo comprenderán.

–¡Pero no me queda tiempo!

–¿A qué te refieres, querida?

Hubo un momento de silencio y a continuación la voz de Lucy dijo:

–No importa. Gracias por escucharme.

Jessica oyó como Lucy cerraba tras ella la puerta del despacho. ¡Ellen Riteman iba a deberle mucho por el asombroso resultado de su labor detectivesca!.

X

De repente, Jessica recordó el termómetro que se le había quedado en la mano. Lo volvió a acercar a la bombilla y justo a tiempo se lo puso en la boca un segundo antes de que la enfermera volviera.

–¿Cómo estás? –le preguntó al tiempo que cogía el termómetro y lo examinaba en alto, hacia la luz–. Ummm... –murmuró–. Debes estar *muy* enferma.

–¿No se lo había dicho? –exclamó triunfalmente Jessica, pero, de repente, recordando que estaba muy mal, añadió con voz doliente y una pequeña tosecilla–: Supongo que *tendré* que marcharme a casa aunque no me guste dejar la escuela.

La enfermera Higgins movió la cabeza.

–Creo que tienes razón, Jessica. Definitivamente tienes el síndrome de la hamburguesa.

–¿El síndrome de la hamburguesa?

–Es muy raro –explicó la enfermera–. Afortunadamente no es contagioso.

Jessica frunció el ceño. ¿Estaría enferma *de verdad*? Se tocó la frente. Le pareció un poco caliente.

–¿Qué es exactamente este síndrome? –preguntó con aprensión.

–¡Cuando el termómetro alcanza la temperatura de una hamburguesa bien hecha! –exclamó la enfermera y acercó el termómetro a Jessica para que pudiera verlo bien–. Realmente, Jessica –dijo en tono divertido–, ¿cuarenta y dos grados? Te has pasado un poco, ¿no crees?

–¡Madre mía! ¡Debo estar enferma *de verdad*! –exclamó Jessica asustada.

–Es un milagro que no se te haya caído el pelo completamente asado –continuó la enfermera al tiempo que señalaba la puerta con el índice y ordenaba–: ¡A clase!

–Sí, señora –obedeció Jessica saliendo con la cabeza baja.

«Lo he intentado, Bigotes», se dijo mientras caminaba por el pasillo.

–Es hora de comer y en la biblioteca no cabe ni una aguja –se quejó Elisabet en voz baja, sentándose con Amy a una mesa.

–Porque hoy sirven carne de «vete-a-saber-qué» en la cafetería –replicó Amy riendo–. Me parece que no somos las únicas que han decidido no comerla.

–Estoy entusiasmada con la investigación para mi artículo –declaró Elisabet.

–Creo que con el concurso de saltos podrás hacer un gran artículo –manifestó Amy.

–He de averiguar si alguien de Sweet Valley ha ganado alguna vez un concurso importante. Ted Rogers es la única persona que conozco que está en la Escuela Superior. Tendré que mirar los periódicos antiguos.

–¡Eh! Menudo trabajo, Elisabet. Tendrás que sacrificar todo el tiempo del almuerzo.

Ésta se encogió de hombros.

–¡Esto o la carne de «vete–a–saber–qué»!

Después de examinar la guía del lector, Elisabet se dirigió a la sala de prensa y la hemeroteca. Al cabo de unos diez minutos, ya tenía todos los ejemplares que le interesaban.

La mayoría no le aportaron nada. Pero cuando ya se le terminaba el tiempo disponible, descubrió un largo artículo sobre el Festival Equino de Grove Hills.

–Grove Hills –murmuró–. Era donde vivía Lucy antes de trasladarse a Sweet Valley.

–¿Has encontrado algo interesante? –preguntó Amy en voz baja.

–Todavía no lo sé –respondió Elisabet leyendo la información.

El artículo continuaba en la página siguiente. Elisabet giró la hoja y se quedó con la boca abierta.

El artículo estaba ilustrado con una gran fotografía de un magnífico caballo saltando limpiamente un obstáculo. Pero el jinete aparecía lanzado por los aires con una expresión totalmente aterrorizada en el rostro.

¡El jinete era Lucy Benson!

Según el relato, Lucy había caído de su caballo, Estrella, en el salto final. Al parecer no había habido motivo para la caída. Lucy había sido trasladada al hospital en una ambulancia y Alison Tatcher había ganado la cinta azul.

«¡Así que era aquello lo que ocultaba Lucy!», pensó Elisabet, sintiéndose medio culpable por haber descubierto su secreto. Al fin y al cabo, la chica no había querido contarlo y ella no tenía ningún derecho a investigar. Sin embargo, todo el mundo se caía tarde o temprano del caballo. ¿Por qué Lucy lo ocultaba tanto?

–Amy –susurró Elisabet–, supón que alguien no quiere que sepas una cosa, pero tú lo descubres accidentalmente. ¿Fingirías que no lo sabes?

–¿Es algo importante? –preguntó Amy.

–Podría serlo.

Amy mordisqueó la punta del lápiz.

–Bien... –dijo al fin–, si lo has descubierto por casualidad, creo que sería deshonesto fingir que no lo sabes.

–Gracias, Amy –dijo Elisabet cerrando el periódico–. Creo que tengo que hablar con Lucy.

A la misma hora del almuerzo, Jessica corrió al teléfono público para llamar al Acuario. Marcó con dedos temblorosos.

–¿Podría hablar con el doctor Robinson? –solicitó de inmediato en cuanto respondió la telefonista.

–¿Quién lo llama?

–Jessica. Jessica Wakefield. Es muy importante.

El doctor Robinson respondió a los pocos segundos.

–¿Jessica? Pensaba llamarte esta tarde.

–No he podido esperar –declaró Jessica–. ¿Cómo está Bigotes? ¿Ha salido bien de la operación?

–Lamento no poder decirte nada con seguridad. Bigotes soportó bien la operación, pero las próximas cuarenta y ocho horas serán críticas.

–¿Qué *significa* eso? –apremió Jessica–. Si la operación ha salido bien, ¿no se salvará?

–Lo siento, Jessica, pero no es tan fácil. Pero, con tu ayuda, creo que Bigotes deseará vivir.

–¿Puedo venir esta tarde a verlo?

–Le hemos administrado sedantes, Jessica. Probablemente se pasará un día o dos durmiendo. ¿Por qué no me llamas mañana para saber cómo sigue? –sugirió el doctor con tanta amabilidad y dulzura que a Jessica le entraron ganas de echarse a llorar.

–¿Jessica? ¿Estás bien?

–Sí –mintió Jessica–. Mañana le llamaré, doctor.

Caminando lentamente, entró en la cafetería y se dejó caer pesadamente en una silla de la mesa de las Unicornio.

–¿Qué haces aquí? –preguntó Lila–. ¿No ha colado el truco del termómetro con la enfermera Higgins?

Jessica negó con un movimiento de cabeza.

–¡Qué lástima! –exclamó Lila–. Te hubieras ahorrado la carne de hoy. –Removió el contenido del plato con el tenedor–. De veras que no entiendo por qué no han mandado a buscar pizzas.

–¿Pasa algo, Jessica? –preguntó Ellen–. Pareces triste.

–Le preocupa su foquita –respondió Lila, guiñándole el ojo a Ellen.

–¡Lila –gruñó Jessica–, si no cierras la boca inmediatamente, voy a tirarte esta carne a la cabeza...! Mejor, todavía: ¡Te obligaré a comértela!

De repente, recordó lo que había oído en la enfermería.

–Ah, Ellen... –exclamó–, he oído algo acerca de Lucy Benson que podría interesarte.

–¿Qué es? –gritó Ellen dejando caer el cartón de leche que tenía en la mano a causa de la excitación.

–Bien... Estaba en la enfermería... –empezó Jessica.

–¿Y qué tiene que ver eso con Lucy? –preguntó Ellen.

–Paciencia, Ellen. Ahora te lo diré.

–De acuerdo, de acuerdo... –cedió Ellen–. Te escucho.

–Mientras estaba sentada detrás de la cortina, intentando trampear la temperatura, he oído que Lucy entraba –explicó Jessica–. Me he enterado de todo lo que le ha dicho a la enfermera Higgins.

–¿Y qué...? –presionó Ellen.

–Por alguna razón, toma un medicamento especial que necesita receta.

–¿Y qué? –interrumpió Lila–. Yo tengo una prima que sufre de diabetes y cada día ha de tomar unas pastillas.

–Y también he oído que los padres de Lucy no quieren que siga montando. Lucy sufrió alguna especie de accidente –siguió Jessica.

Ellen se reclinó en la silla con un brillo de triunfo en los ojos.

–Así que es por eso que anda con tanto secreto... –comentó–. Apuesto lo que quieras a que sus padres no saben que va a montar el caballo de Ted en el concurso de saltos.

–Lo cual significa que, después que te haya derrotado el sábado, sus padres la castigarán –declaró Lila con malignidad.

–¡Pero si sus padres se enteran antes, no le permitirán participar! –acabó triunfante Ellen, ignorando la primera parte de la frase de Lila–. ¡Y no tendrá ninguna oportunidad de robarme la cinta azul!

–¿Qué vas a hacer? –preguntó Jessica.

–¿Qué te imaginas...? –respondió Ellen en tono sarcástico–. ¡Voy a llamar a los padres de Lucy y decírselo!

–¿Sabes el número de teléfono? –inquirió Lila.

–No. Pero lo encontraré –aseguró Ellen–. ¿Cuántos Benson hay en Sweet Valley?

–Opino que es mucho trabajo total por una competición estúpida de un montón de animales saltando –declaró Lila–. Primero,

Jessica con su foca idiota y, ahora, tus caballos imbéciles.

–¿Y desde cuándo llamas estupidez a mil dólares? –replicó Ellen.

–¿*Mil dólares?* –exclamó Lila con los ojos muy abiertos.

Ellen asintió con un movimiento de la cabeza.

–Eso es lo que ganaré si quedo la primera. Espero que todas mis compañeras Unicornio estaréis allí para animarme con vuestros vítores. Porque pienso gastar parte del premio en una gran fiesta dedicada a mis amigas *más leales*.

–Yo no podré –declaró Jessica–. He de ayudar a Adam en la playa y visitar a Bigotes.

–Considerando que será una reunión Unicornio no oficial –le recordó Lila–, *has* de asistir. Además, Ellen necesita nuestro apoyo. –Y dedicó una amplia sonrisa a Ellen preguntándole–: Dime: ¿qué tipo de fiesta piensas organizar?

Cuando Elisabet llegó al picadero el viernes por la tarde, Lucy ya estaba allí. La encontró en el box de Trueno, trenzándole las crines con todo cuidado, preparándolo para el gran día.

–¡Elisabet! –exclamó al verla–. Llegas a

tiempo para ayudarme con estas trenzas. ¡No se acaban nunca!

–Qué lástima que no esté aquí Jessica –dijo riendo Elisabet–. Peina de maravilla.

Lucy le alargó un peine de caballo y un carrete de hilo.

–Aguanta eso un momento, ¿quieres?

Elisabet contempló cómo Lucy trenzaba poco a poco las crines.

–Vas a estar guapísimo, Trueno –susurró al oído del caballo.

Trueno relinchó.

–¿Cómo te sientes ante el concurso de mañana? ¿Estás nerviosa? –preguntó Elisabet a Lucy.

–Ésa es la pregunta del año –respondió Lucy, apartando la atención de la trenza de Trueno y mirando a Elisabet–. Esta noche casi no he dormido. Tengo tanto miedo de fracasar por Ted...

–Haz todo lo que puedas, Lucy.

–Hace tanto tiempo que no monto y si... –Lucy no se atrevió a acabar la frase.

–Lucy, no era mi intención espiar... –empezó Elisabet, esperando hacer lo correcto.

–¿A qué te refieres?

–Estaba haciendo un poco de investigación en la biblioteca para el artículo de *Sexto Grado*, cuando encontré una información en el periódico de Grove Hills.

128

–Así que ya lo sabes –interrumpió Lucy con los ojos fijos en las crines de Trueno.

–¿Por eso no querías contar nada? –preguntó Elisabet con suavidad–. ¿Porque te caíste? Pero si *todo* el mundo se cae una vez u otra. Si eres un buen jinete te enseñan a caerte para no hacerte daño. Eso es todo.

–*Soy* un buen jinete y *sé* cómo caerme –declaró Lucy.

–Entonces, ¿cuál es el problema? Una caída no es el fin del mundo.

–Elisabet –dijo Lucy en voz baja–, no fue una caída normal.

–¿Qué fue pues? –preguntó Elisabet suavemente.

Lucy respiró hondo.

–El motivo por el cuál me caí de Estrella aquel día... –dijo con lentitud–... es porque sufro de epilepsia.

XI

–No lo supe hasta el día del concurso –siguió explicando Lucy–. Justo a la mitad de la carrera, sentí aquella sensación extraña en la cabeza. Cuando recuperé el sentido, estaba en la ambulancia camino del hospital.

–Debiste asustarte mucho –sugirió Elisabet en tono compasivo.

–¡Y tanto! Tuve miedo de haberme vuelto loca o algo por el estilo. Los médicos me practicaron un electroencefalograma (un aparato que mide las corrientes eléctricas del cerebro) y entonces descubrieron que sufría de epilepsia.

–He de confesar que conozco muy poco de esa enfermedad –dijo Elisabet.

–No eres la única –replicó su amiga–. Yo tampoco sabía nada. Pero es muy sencillo. Cuando hay un cambio repentino en el envío de corriente eléctrica entre las células cerebrales, se produce el ataque. El resto del tiempo, el cerebro funciona perfectamente. Cuando comprendes lo que ocurre, ya no te asusta.

Lucy continuó trenzando las crines de Trueno.

–Lo bueno es que hay medicamentos que evitan que te dé el ataque.

–¿Es aquél que te tomaste la otra noche cuando viniste a cenar? –preguntó Elisabet.

Lucy asintió con la cabeza.

–¿Y por qué no me lo dijiste? –preguntó Elisabet–. No tiene nada que ver con nuestra amistad.

–Quizá las cosas sean así para ti, Elisabet –replicó Lucy en tono amargo–. Pero hay gente que no piensa lo mismo.

–¿Pero por qué, Lucy?

Ésta pareció concentrarse en la trenza que estaba haciendo, pero al cabo de unos segundos respondió:

–Deberías haber visto a mis amigos después del accidente. Cuando se enteraron de que tenía epilepsia, no quisieron ni acercarse a mí. He de confesarte, Elisabet, que me alegré cuando trasladaron a mi padre a Sweet Valley. Pensé que aquí podría empezar de nuevo.

–¿Lo sabe alguno de tus amigos o amigas?

–Sólo un par, y ahora tú.

–¿Y cómo se lo tomaron cuando se lo contaste?

Lucy alzó la vista.

–Con mucha comprensión, pero no puedo esperar que todo el mundo opine lo mismo –suspiró–. Mis propios padres no acaban de aceptarlo.

–¿A qué te refieres?

–El médico dice que, mientras tome el medicamento, puedo hacer una vida totalmente normal. Mi epilepsia no es grave y puede controlarse con facilidad. Pero mis padres parece que no acaban de creerlo. Empezaron por vender de inmediato a Estrella y me prohibieron cabalgar, a pesar de que el médico ha dicho que si llevo el casco y tomo mis pastillas no pasa nada.

–¿Quieres decir que tus padres no saben que vas a competir mañana? –preguntó Elisabet.

Lucy sacudió la cabeza en sentido negativo.

–Es el único modo, Elisabet. ¿No lo entiendes? He de demostrar a mis padres que soy capaz de llevar una vida normal.

–¿Pero no te sientes culpable por mentirles?

–Muchísimo –confesó Lucy–. Pero me

siento mucho peor no llevando una vida normal. Has de ayudarme a mantener el secreto. Mañana, después del concurso, lo confesaré todo a mis padres. Pero entretanto, confío en que me ayudarás.

Elisabet respiró hondo.

–De acuerdo, Lucy –accedió al fin–. Si el médico dice que puedes montar y estás segura de que quieres participar, estaré a tu lado.

Trueno inclinó la cabeza y emitió un suave relincho.

–Y Trueno también –añadió Elisabet.

A última hora de aquella tarde, Elisabet encontró a Jessica sentada en el salón, mirando sin ver la pantalla en blanco de la televisión.

–¿Te pasa algo, Jess? –le preguntó.

Ésta no respondió.

–¡Jessica! –exclamó Elisabet–. ¿No me oyes?

–¿Qué? –Jessica sacudió la cabeza y alzó la vista–. Ah, hola Elisabet. ¿De dónde vienes?

–Del picadero. –Elisabet se sentó al lado de su hermana–. ¿Sabes algo de Bigotes?

Jessica sacudió nuevamente la cabeza.

–Ha soportado bien la operación, pero el doctor Robinson dice que no puede decir nada antes de mañana.

Elisabet pasó un brazo cariñoso por encima de los hombros de su hermana.

–Espero que lo supere. De veras, Jess. Sé cuanto te importa.

–Adam dice que demasiado –afirmó Jessica en tono sombrío–. Dice que tiene miedo de que no comprenda que es un animal salvaje y que, en cuanto pueda, ha de volver al océano.

–Pero es difícil no quererlo –añadió Elisabet.

–¡Yo sólo quiero lo mejor para él! ¡Daría cualquier cosa por verlo nadar con sus compañeros!

–Ya verás cómo se repondrá –la consoló su hermana, y añadió señalando el aparato de televisión con un gesto de cabeza–: Por cierto, ¿acaso miras algo en la tele?

–No. Estoy ahorrando electricidad. Mucha gente la deja encendida sin mirarla. Y como no había ningún programa que me interesara, la he apagado.

–Pero cuando he llegado tenías los ojos fijos en ella.

Jessica se encogió de hombros.

–Me sentía deprimida. Siempre la miro cuando me siento así.

En aquel momento sonó el teléfono.

–¿Quieres contestar tú, Elisabet? –le pidió Jessica.

Elisabet cogió el aparato.

–Residencia Wakefield. Ah, un segundo Ellen. Iré a ver.

Jessica alzó la vista al techo, en un gesto de fastidio.

–De acuerdo –dijo de mala gana.

Elisabet le tendió el aparato.

–Hola, Ellen. ¿Puedes decirme aprisa lo que quieres? –suspiró profundamente–. No tengo muchas ganas de hablar.

Jessica escuchó impaciente durante unos segundos.

–No sé qué decirte, Ellen. Sigue insistiendo. ¿Estás segura de que tienes el número de los Benson correcto?

Elisabet miró interrogativamente a su hermana que, de repente, sintiéndose incómoda, bajó la voz.

–Escucha, Ellen –dijo rápidamente–. Tengo que dejarte. No has llamado en buena hora...

–¿Qué quería Ellen? –preguntó Elisabet llena de sospechas cuando Jessica colgó.

–Oh, nada. Nada importante.

–Si tiene que ver con Lucy Benson, para mí es importante –afirmó Elisabet en tono firme.

–Se trata de una cosa de las Unicornio –replicó Jessica–. No voy a aburrirte con eso.

–Se levantó y se encaminó hacia la cocina–. Tengo que poner la mesa –dijo de espaldas.

–Te ayudaré –decidió Elisabet, levantándose rápidamente. Si Ellen había organizado cualquier cosa que tuviera que ver con Lucy, estaba decidida a averiguarlo.

Elisabet sacó cinco platos de la alacena.

–¿Sabes? –dijo en tono indiferente–. Creía que te gustaba Ted Rogers.

–¡Y me gusta! –afirmó Jessica cogiendo unos cuantos tenedores.

–Pues si mañana Lucy no gana el concurso, Ted perderá a Trueno.

A Jessica se le escapó una mueca. Era todo lo que necesitaba Elisabet para estar segura de que Ellen había organizado algo.

–Ellen está preparando alguna trampa ¿verdad, Jess?

–¿Y cómo quieres que yo lo sepa?

–¡Jessica! –insistió Elisabet–. ¡Es muy importante!

–¡Oh, está bien! ¡Tengo preocupaciones mucho más importantes que ocuparme de Ellen y su estúpida cinta azul! Ellen ha averiguado que los padres de Lucy no quieren que monte y quiere llamarlos para decirles que su hija va a competir mañana.

–¿Cómo es posible que Ellen sea tan malvada? –exclamó Elisabet.

–Hablando de hipócritas, tu amiguita Lucy también anda con secretos.

–Esto es distinto –declaró Elisabet en tono bajo.

«Lucy tiene un buen motivo», añadió mentalmente.

–¿Ellen ha conseguido hablar con los Benson?

–Parece que no. Nadie responde al número que llama.

Elisabet dejó los platos de golpe y se dirigió decidida al teléfono.

–¿Qué vas a hacer? –quiso saber Jessica.

–¡Avisar a Lucy! –respondió Elisabet.

Pero en casa de los Benson no respondía nadie.

–¿Y ahora qué voy a hacer? –comentó a Jessica colgando el teléfono–. Es demasiado tarde para acercarme a su casa... suponiendo que supiera dónde vive.

Jessica se encogió de hombros.

–Piensa positivamente. Si no puedes hablar con ella, tampoco Ellen.

Elisabet soltó un lamento bajo. Ese razonamiento no acababa de consolarla.

–¡Elisabet! Creía que ya te habías acostado. ¿A quién estás llamando a estas horas de la noche? –preguntó la señora Wakefield, deteniéndose en el rellano del piso superior–. Son casi las once y media.

Elisabet colgó el teléfono. Había estado llamando a los Benson toda la noche sin recibir respuesta.

–A Lucy Benson –respondió.

–¿Para desearle suerte? Probablemente ya se haya acostado. Y tú también deberías estar en la cama.

–Ya lo sé, mamá.

–¿A qué hora empieza el concurso?

–A las diez, pero Lucy y yo nos reuniremos con Ted en el picadero un poco antes para ayudarlo a subir a Trueno en el remolque.

–¿Crees que Lucy logrará hacer un buen recorrido?

–Creo que tiene muchas posibilidades de ganar –declaró Elisabet esperanzada.

«A menos que Ellen lo estropee todo», pensó.

Deseó buenas noches a su madre y se metió en la cama.

«Probablemente a estas horas Ellen habrá dejado de insistir en llamar a los Benson –se dijo–. Con un poco de suerte, Lucy lo logrará».

XII

–¡Lucy! ¿Dónde has estado? –preguntó Elisabet precipitándose dentro del box de Trueno el sábado por la mañana.

–¿Qué pasa? –preguntó Lucy mientras vendaba una de las patas del caballo. El vendaje las protegería durante el traslado al hipódromo.

–¿Te llamaron a casa ayer noche? –preguntó Elisabet.

Lucy negó con la cabeza.

–No lo sé. Cenamos en casa de mis abuelos. Llegamos tarde a casa. ¿Por qué?

Elisabet se recostó en la pared soltando un suspiro de alivio.

–¡Gracias a Dios!

–Elisabet, ¿qué pasa?

–Ellen ha descubierto que tus padres no te permiten montar. Se propuso llamarlos y contarles que vas a participar en el concurso para que no puedas competir y ella tenga más posibilidades de ganar. Así que Jessica me lo dijo ayer noche, corrí a llamarte.

–¡Me alegro mucho de haber estado en casa de mis abuelos! –exclamó Lucy, añadiendo con expresión sombría–. ¿Pero y si les llama esta mañana?

–Creo que esta mañana estará lo suficientemente ocupada –declaró Elisabet–. No te preocupes, Lucy. Tienes cosas más importantes en que pensar.

–¡Eh, campeona! ¿Preparada para el gran momento? –exclamó Ted entrando en el box de Trueno.

–Tanto como puedo –replicó Lucy.

–Tú y Trueno estáis en plena forma –elogió Ted–. ¡Nadie va a poder interponerse en vuestro camino hacia la cinta azul!

–Espero que tengas razón, Ted. –Lucy cruzó los dedos mirando a Elisabet.

–¡No tenía idea de lo grande que era esto! –exclamó Elisabet cuando el padre de Ted detuvo el coche ante los abarrotados campos que circundaban el hipódromo. A su alrededor, se agolpaban centenares de vehículos y camionetas que arrastraban remolques con un caballo dentro.

–¡Es el certamen más importante después del Dalmar Nacional! –dijo Ted–. Cientos de caballos y jinetes participan en toda clase de competiciones. Carreras de obstáculos, concurso de saltos, doma clásica... de todo. Este concurso es sólo una pequeña parte.

–Quizás. –Elisabet bajó del coche y estiró las piernas–. ¡Mirad los graderíos! Apuesto a que hay mil espectadores –exclamó Elisabet y advirtió que Lucy escudriñaba las gradas con la vista–. No te preocupes –le susurró–. Aunque tus padres estuvieran ahí, desde tan lejos ni siquiera los verías.

–Ya lo sé. Pero lo que me preocupa es que se presenten y lo estropeen todo.

Elisabet estaba empezando a arrepentirse de haberle dicho aquello a Lucy que ya estaba bastante nerviosa. Pero tampoco hubiera sido honesto no prevenirla de los intentos de Ellen.

–Tienes razón, Elisabet –asintió Lucy, protegiéndose los ojos del sol con la mano–. Tengo *otra* cosa de que preocuparme. Ahí viene.

Elisabet miró en la misma dirección que Lucy. Una chica alta y delgada con una trenza dorada colgándole en la espalda, se acercaba montada en un hermoso bayo negro.

–¿Es Alison Tatcher? –preguntó Elisabet.

Lucy asintió con la cabeza.

–Sí. Y su caballo, Magia Negra. Las dos hemos competido tres veces. La primera vez me venció. La segunda la vencí yo y la tercera... me caí.

–¿Estáis preparadas para bajar a Trueno? –preguntó Ted.

Las chicas corrieron al remolque.

–Trueno estará un poco rígido después de este viaje –observó Lucy–. Menos mal que tendremos un poco de tiempo para calentarle los músculos.

Ted observó cómo Elisabet desataba a Trueno y Lucy colocaba la pequeña rampa para que el caballo saliera.

–Me gustaría poderos ayudar –se lamentó–. Pero estas muletas me fastidian muchísimo.

–No te preocupes, Ted –sonrió Elisabet–. Sólo necesitamos tu apoyo moral.

–Me voy a las gradas –dijo el señor Rogers–. Me parece que los tres tenéis la situación controlada.

–Gracias, papá –dijo Ted–. Me reuniré contigo después de que hayan dado a Lucy la cinta azul.

–Buena suerte, Lucy –le deseó su padre.

–Con Trueno y Lucy no necesitamos suerte –afirmó Ted en tono firme.

–De todos modos, buena suerte –repitió el señor Rogers con una palmadita en la espalda de su hijo, y se fue hacia las gradas.

Lucy y Elisabet hicieron salir a Trueno del remolque con mucho cuidado. Así que llegó al suelo, el caballo olisqueó el aire y relinchó sonoramente.

Ted se echó a reír.

–Muy bien chico. ¡Qué todo el mundo se entere de que acabas de llegar!

Las chicas quitaron cuidadosamente los vendajes de las patas del caballo. Mientras Lucy le colocaba la silla y la brida, Elisabet y Ted lo revisaron con detenimiento.

Lucy fue a la camioneta del que sacó la chaqueta azul de montar y el casco.

–La tenía guardada en una bolsa y está un poco arrugada –comentó poniéndose la chaqueta.

–¡Estás preciosa! –alabó Elisabet.

–Perfecta –añadió Ted.

El grupo, junto con Trueno, pasaron por delante de las hileras de remolques y se dirigieron a las pistas donde se iban a celebrar los saltos. Lucy hizo una pausa para examinar la colocación de los obstáculos por parte de unos empleados. Cerca del anillo, los participantes paseaban a sus monturas. Otros practicaban saltos en un campo vecino.

–No veo a Ellen por parte alguna –comentó Ted–. Supongo que habrá decidido no presentarse.

Elisabet miró nerviosamente a Lucy. Ésta no parecía haber oído el comentario de Ted.

–Ahora vuelvo –dijo Lucy. Y condujo a Trueno hacia el lugar donde estaba Alison Tatcher que inspeccionaba los cascos de Magia Negra.

–Hola, Alison –la saludó en voz baja.

Ésta levantó la vista se quedó con la boca abierta.

–¡Lucy! ¡Menuda sorpresa! No esperaba *verte* aquí.

Lucy sonrió.

–Estoy llena de sorpresas.

Alison miró a Trueno.

–Ya veo. ¿Tienes un caballo nuevo?

–Es de un amigo mío, Ted. Se llama Trueno.

–Es una belleza. –Sonrió Alison con malicia al añadir–: En realidad es el *segundo* mejor caballo que hay aquí.

–Ya lo veremos –respondió Lucy riendo–. Nos veremos más tarde.

Lucy volvió al lugar donde estaban Ted y Elisabet.

–Alison cree que me va a ganar. ¡Menudo chasco se va a llevar!

–¡A eso se le llama espíritu de victoria! –exclamó Ted.

Lucy miró a Trueno.

–¿Qué dices, chico? –le preguntó–. ¿Venceremos?

Trueno agitó la cabeza y relinchó sonoramente.

–Yo diría que ha contestado que *sí*. –Lucy montó en Trueno–. Vamos a calentarnos un poco.

Escrutó brevemente las gradas con mirada nerviosa y, a continuación, trotó hacia el campo.

Ted y Elisabet se sentaron en el suave césped vecino al anillo. Contemplaban a los demás competidores cuando Ted dio un codazo a Elisabet.

–Ahí está Ellen –dijo.

Ellen, acompañada de casi todas las Unicornio, conducía a Nieve. Elisabet divisó a su gemela en medio del grupo con el ceño fruncido y sin el más mínimo interés por la charla que se desarrollaba en torno de ella.

Cuando Ellen los vio, se quedó boquiabierta.

–¡Ted! ¡Elisabet! ¿Qué estáis haciendo aquí?

–¿Y qué crees que hacemos? –preguntó Elisabet.

–¿Habéis venido a animarme? –Ellen sonrió con nerviosismo.

–Han venido a animarme a *mí* –dijo una voz.

Ellen giró como una centella.

–¡Lucy!

–Sí, Ellen. Todavía estoy aquí –declaró Lucy en tono de irritación.

–Oh... claro... ¿Por qué no deberías estar? –tartamudeó Ellen con una mirada de reojo a Jessica.

–Exacto –dijo Lucy–. A menos, claro, que alguna sabandija hubiera intentado eliminarme con alguna trampa. Lo siento, pero parece que tu pequeño plan ha fracasado.

Ellen enrojeció violentamente.

–Yo no estaría tan segura, Lucy –exclamó con gran irritación y se dio la vuelta arrastrando a Nieve.

–¡No hubieras conseguido gran cosa! –le gritó Lucy–. Alison Tatcher te hubiera vencido. Pero como ahora yo soy la mejor, tendrás que conformarte con el tercer lugar.

Lucy desmontó. A pesar de sus valientes palabras, Elisabet advirtió que las últimas palabras de Ellen la habían dejado preocupada.

–No crees que haya hablado con mis padres esta mañana, ¿verdad Elisabet? –preguntó Lucy con la cara pálida.

–Lo dudo –la tranquilizó Elisabet.

–¿Alguien puede explicarme lo que ocurre? –preguntó Ted–. No entiendo nada.

–Nosotras tampoco, Ted –sonrió débilmente Lucy.

–Mientras tú se lo explicas todo a Ted, voy a hablar con Jessica. –Elisabet corrió hacia el grupo de Unicornios–. ¡Jessica!

Ésta se volvió y la saludó con la mano. Salió del grupo y se acercó a Elisabet.

–¿Se ha enfadado Ellen contigo? –le preguntó Elisabet.

Jessica se encogió de hombros.

–No estoy segura.

–¿Sabes si ha hablado esta mañana con los padres de Lucy?

–No me ha dicho nada, pero no creo que en este momento me tenga mucha simpatía. Ayer por la noche no quedó muy satisfecha de como le colgué el teléfono. Pero esta mañana parecía muy segura de ella misma.

–Esto no es una buena señal –dijo Elisabet con angustia–. Por cierto, ¿cómo está Bigotes? ¿Hay más noticias?

–No hay cambios –explicó Jessica sombría–. Esta mañana lo primero que he hecho es llamar al Acuario.

Jessica miró a Ellen y a las Unicornio por encima del hombro. Bajó la voz.

–He de animar a Ellen por lealtad a las Unicornio, pero dile a Ted que le deseo buena suerte.

–Lo haré –prometió Elisabet.

Y se reunió corriendo con Ted y Lucy. Él miraba a ésta con admiración.

–Casi no puedo creer que no me hayas dicho nada de tu secreto, Lucy. ¿Estás segura de que quieres competir?

–Absolutamente –afirmó Lucy.

–Jessica os desea buena suerte –dijo Elisabet al llegar a ellos.

Ted hizo un movimiento con la cabeza señalando hacia la pista.

–Ya es hora de prepararse. El primer caballo está a punto de iniciar su recorrido.

Y miraron a un chico sobre un alazán que entraba en el anillo. Sonó un cuerno, indicando que quedaban sesenta segundos para empezar su participación. En la pista había ocho obstáculos debidamente colocados.

El chico y su caballo saltaron los dos primeros obstáculos sin ningún problema. Pero cuando la montura giró bruscamente hacia el tercero, Ted comentó:

–La zancada es demasiado larga.

Exactamente. El siguiente salto del alazán fue tan bajo que derribó el travesaño superior. Continuó con los tres saltos siguientes pero falló en los dos últimos.

Siguieron dos caballos más, pero cada uno de ellos falló en un obstáculo.

–Todo el mundo tropieza en el tercer salto –le dijo Ted a Lucy.

Ésta asintió.

–He de tener cuidado en colocar bien a Trueno después del segundo salto.

–¿No es el turno de Alison Tatcher ahora? –pregunto Ted.

–Sí –confirmó Lucy.

Magia Negra saltó los dos primeros obstáculos como si volara en el aire. Saltó con facilidad el problemático tercero y terminó con toda perfección.

–*Sabe* cabalgar –declaró Ted–. Pero tú eres mejor, Lucy.

–Gracias, Ted. Ya nos toca. Será mejor que me coloque –dijo Lucy.

–Buena suerte, Lucy –dijo Elisabet. Acarició el cuello de Trueno y añadió–: Para ti también, muchacho.

–¡Quédate con todos, Trueno! –exclamó Ted.

Mientras Lucy se disponía a iniciar su vuelta, Elisabet miró nerviosa a Ted.

–Cruza los dedos.

Ted, nervioso, repiqueteó con los dedos sobre las muletas.

–Con sólo que derribe un travesaño, pierdo a Trueno.

–No lo hará –dijo Elisabet aunque interiormente carecía de la seguridad de sus palabras. Lucy no sólo tenía que preocuparse de sus padres, ¡sino también de Alison Tatcher!

Lucy y Trueno entraron en el anillo y esperaron el toque del cuerno. Trueno permanecía perfectamente inmóvil con su pelaje castaño brillando bajo la luz del sol.

Elisabet y Ted se adelantaron entre la muchedumbre para acercarse al borde del anillo y ver mejor lo que ocurría.

El cuerno sonó y Lucy y Trueno emprendieron un medio galope. Saltó con toda facilidad el primer obstáculo.

–¡Uno!

Por el rabillo del ojo, Elisabet vio una pareja que se abría paso entre la multitud. Volvió a concentrar su atención en el anillo a tiempo de ver a Lucy y Trueno salvar con amplitud el segundo obstáculo.

–¡Muy bien! –exclamó Ted.

–¡Allí está! –gritó una mujer.

Elisabet se volvió y vio a una mujer de media edad que agitaba el brazo en el aire.

–¡Lucy! –gritó.

–¡Oh, no! –gimió Elisabet.

Lucy vio a sus padres en el mismo momento en que Trueno se ponía en posición para saltar el traidor tercer obstáculo.

XIII

–¡Tropezará! –gritó angustiado Ted.

Trueno pareció sentir que Lucy había perdido la concentración. Aunque el margen era excesivo, sus poderosas patas se prepararon para salvar el obstáculo.

Cuando el magnífico caballo saltó, a Elisabet le pareció que se le paraba el corazón. Las patas delanteras de Trueno salvaron ampliamente el obstáculo, pero los traseros rozaron el palo.

Mientras el travesaño oscilaba peligrosamente a punto de caer, Elisabet asió con fuerza la mano de Ted.

–¡Por favor, aguántate! –murmuró.

El palo se inmovilizó sin caer.

–¡Lo ha logrado! –gritó Elisabet aliviada. Giró para mirar a los padres de Lucy. Tenían las manos cogidas y en sus rostros se reflejaba un intenso temor.

Rápidamente, Lucy recuperó el control de Trueno y ambos saltaron los restantes obstáculos con toda facilidad.

–¡Lo ha conseguido! –Ted sonreía de oreja a oreja–. Todavía queda otra vuelta para los participantes que no hayan derribado ningún obstáculo, pero por lo menos ya ha conseguido pasar.

–No estoy segura de que pueda seguir –dijo Elisabet señalando con un movimiento de la cabeza a los señores Benson.

Montada en Trueno, Lucy se acercó donde estaban sus padres.

–Será mejor que hablemos con ellos –decidió Ted–. Es culpa mía que Lucy haya entrado en el concurso.

Así que Lucy desmontó y salió de la pista, la señora Benson se precipitó a abrazarla efusivamente.

–¡Hija! –exclamó– ¡Qué angustia hemos pasado! Así que tu amiga Ellen nos ha llamado, nos hemos apresurado a venir.

–No es amiga mía, mamá.

El rostro de Lucy estaba arrebolado por el ejercicio reciente.

–No debías habernos desobedecido –añadió su padre en tono severo.

–Es culpa mía que Lucy haya montado hoy, señor –interrumpió Ted, adelantándose penosamente con las muletas–. Soy Ted Rogers, el propietario del caballo que monta Lucy. Cuando me rompí la pierna, Lucy se ofreció a montar a Trueno y destinar el dinero del premio a pagar el mantenimiento del caballo.

–¡Actuaste muy irresponsablemente, muchacho! –exclamó el señor Benson sumamente irritado–. ¿Cómo es posible que con la enfermedad de Lucy...?

–No sabía nada de mi enfermedad, papá –le interrumpió de golpe Lucy–. No ha sido culpa de él.

La expresión del señor Benson se suavizó.

–Sabemos cuánto significa para ti montar a caballo, hija, pero a tu madre y a mí nos preocupas mucho. No queremos que corras riesgos innecesarios.

En aquel momento se acercó Alison Tatcher, montada en Magia Negra.

–Muy bien, Lucy –dijo.

Lucy la saludó con la mano.

–¿La recordáis? –dijo a sus padres–. Es Alison Tatcher. El año pasado ambas competíamos por el premio en Grove Hills. Tuve el ataque y Alison ganó. –Los ojos de Lucy brillaban por las lágrimas–. Pero porque tenga epilepsia, ¡no significa que vaya a permitir que Alison me venza hoy! La epilepsia la tendré toda mi vida, y no puedo ocultarme y dejar que me ganen sólo porque tengo miedo de competir o porque mis padres tienen miedo que compita. –Respiró profundamente y añadió–: Si Alison me vence por méritos... muy bien. Es una gran amazona, pero si ahora me impedís que siga, no será Alison quien me vencerá, ¡sino mi epilepsia!

Durante unos momentos, todos guardamos silencio. Finalmente, la señora Benson pasó un brazo por encima de los hombros de su hija.

–Si eres tan valiente como para cabalgar de nuevo, creo que tu padre y yo podemos también intentar vencer nuestros temores –dijo con dulzura–. No podemos estar seguros de nada, Lucy, pero si el médico dice que puedes montar, no es justo que te impidamos hacer una cosa que amas tanto. –Miró a su marido–. Sin embargo, no tenías que habernos desobedecido. Tu padre decidirá si te permite continuar en el concurso.

Todos miraron al señor Benson expectantes. Elisabet contuvo la respiración.

–¿Y bien, papá? –le apremió Lucy.

–Sólo quiero saber una cosa.

–¿Qué? –preguntó ésta ansiosamente.

–¿Dónde vamos a poner los trofeos con los que nos llenarás la casa?

A la prueba final habían llegado cinco

jinetes compitiendo por la victoria: Lucy, Alison, Ellen y dos chicos. No sólo iba a contar el salto perfecto de los obstáculos, sino también el menor tiempo empleado en el recorrido.

Uno de los chicos fue el primero. Se movió con demasiada rapidez y falló en el último obstáculo.

«Uno menos», musitó Lucy para sí.

El segundo chico tomó mayores precauciones. Su caballo salvó todos los obstáculos, pero la medición del tiempo –noventa y dos segundos cinco centésimas– no resultó satisfactoria.

–Ahora quedamos tres –dijo Ellen, mirando nerviosa a Lucy y a Alison, las cuales la ignoraron por completo.

Ellen saludó con la mano a las Unicornio, agolpadas en un rincón del anillo, cerca del tercer obstáculo, que respondieron entusiastas al saludo de su amiga.

Ellen colocó a Nieve en posición y se ajustó el casco. Así que sonó el cuerno, las Unicornio se alinearon a lo largo de la valla, desplegadas como si estuvieran haciendo de Animadoras, dispuestas a saludar a Ellen con los gritos reglamentarios.

Lucy vio a Ellen saludando a sus amigas con sendos movimientos de cabeza.

–Un poco fantasioso, ¿no crees? –susurró Lucy a Alison.

Con una expresión de ansiedad en su rostro, Ellen espoleó a Nieve. Saltaron fácilmente el primer obstáculo y a continuación el segundo, pero justo cuando la chica colocaba al caballo frente el peligroso tercero, las Unicornio soltaron un grito ensordecedor con toda la fuerza de sus gargantas.

–¡YY–YY–AA E–LLEN!

Nieve hizo un relincho y, asustadísimo, se detuvo de golpe con los cuatro cascos clavados en el suelo. Desesperada, Ellen intentó sostenerse en la silla, pero había sido todo tan repentino, que salió despedida por los aires y ¡saltó por encima del tercer obstáculo sin el caballo!

La muchedumbre permaneció en silencio hasta que Ellen se puso en pie, pero cuando se vio que no estaba herida, del público surgió imparable una carcajada unánime. Ellen asió la fusta y, con ella en alto, echó a correr amenazadora hacia sus queridas amigas que se dispersaron entre chillidos.

Lucy dijo a Alison:

–Quedamos las dos –le dijo Lucy a Alison.

–Como en los viejos tiempos –respondió ésta.

Lucy se quedó mirando con ansia la preparación de Alison y Magia Negra para iniciar el recorrido. Así que sonó el cuerno, partieron a un trote crecientemente veloz y saltaron limpiamente los dos primeros obstáculos.

En el tercero, se vio como Alison manejaba expertamente las riendas de Magia Negra para colocarlo a fin de hacerle arrancar a toda velocidad.

Lucy contempló con admiración como la centella oscura de su rival salvaba el tercer obstáculo y, con la misma destreza, saltaba los restantes. El tiempo que obtuvo fue un asombroso ochenta y ocho segundos cinco centésimas.

Lucy respiró profundamente. El corazón le latía como una locomotora y tenía la boca seca. De repente, se le ocurrió un pensamiento espantoso:

«¿Y si a causa de la tensión me da un ataque?»

Miró a Ted, a Elisabet y a sus padres ¡Todos confiaban en ella! ¡No podía fracasar!

Trueno se agitaba nervioso. Advirtió que el animal sentía su propio estado de ánimo. Si ella se ponía tensa, el caballo también lo estaría. Se inclinó sobre el cuello de Trueno y le habló dulcemente al oído:

–No pasa nada, chico. Todo el mundo confía en nosotros. ¿Estás a punto?

Trueno relinchó y golpeó el suelo con los cascos.

–Muy bien. ¡Si tú puedes, yo también podré!

Condujo a Trueno al punto de salida. Así que sonó el cuerno, partieron y salvaron fácilmente el primer obstáculo.

Lucy apretó las rodillas indicando a Trueno que debía volar. Sintió como el caballo ponía a contribución todo su poder muscular. El sonido de los cascos sólo cesó cuando saltó en el aire. Durante unos segundos, amazona y caballo parecieron esculpidos en el cielo antes de volver a llegar al suelo donde, después de haber cruzado por encima del segundo obstáculo, continuaron sin disminuir la velocidad.

Lucy sabía que el tercer salto determinaría el resultado del concurso. Alison había tardado un segundo en colocar a Magia Negra. Si quería vencerla, tenía que saltar sobre el tercero sin detener su carrera.

–¡Arriba, Trueno! –le susurró.

Lo sintió tensarse para saltar y sin apenas darse cuenta, se vio en el aire, volando ambos como un par de pájaros.

Trueno brincó sobre el resto de los obstáculos sin esfuerzo alguno.

Cuando terminaron, Lucy miró a sus

padres. Resultaba difícil distinguir quién vitoreaba y gritaba más: ¡si sus padres, Elisabet o Ted!

Lucy frenó con las riendas a Trueno y le dio unos golpecitos en el cuello.

–Gracias, chico –musitó.

Un murmullo de excitación corrió entre el público a la espera del resultado de la cuenta del tiempo obtenido.

Finalmente, se oyó por el altavoz:

–¡Señores, se ha obtenido un nuevo récord! ¡Ochenta y seis segundos seis centésimas para Lucy Benson sobre Trueno!

–Esto te pertenece, Ted –dijo Lucy, acercándose y entregándole el cheque de mil dólares que acababa de recibir de los jueces.

–¿Cómo podré agradecértelo, Lucy? –exclamó Ted–. Me gustaría repartirlo contigo. Al fin y al cabo, lo has ganado tú.

–No te olvides de Trueno –recalcó Lucy con una risa, alargando la mano para acariciar el belfo del caballo–. Yo ya he conseguido lo que quería. –Y agitó en el aire la cinta azul para que todo el mundo la viera.

–¡Estamos tan orgullosos de ti, hija! –exclamó la señora Benson.

–Yo sabía que lo conseguirías –declaró Elisabet con entusiasmo.

–Muy bien, Lucy.

Ésta se volvió y vio a Alison Tatcher.

–Tú también, Alison.

–Estoy convencida de que volveremos a encontrarnos –declaró ésta–. Sólo que la próxima vez seré yo quien se llevará la cinta azul a casa.

–¡Ni lo sueñes! –replicó Lucy riendo.

–¡Ah! –añadió Alison–. He oído decir que Estrella vuelve a estar en venta. Parece que su nuevo dueño opina que tiene demasiado nervio.

Lucy miró esperanzada a sus padres.

–¿Sabes...? –manifestó el señor Benson sonriendo–. Estaba echando de menos a aquel saco de huesos.

Lucy echó los brazos al cuello de su padre y le dio un largo abrazo. Después, dijo a Elisabet:

–¿Dónde está tu bloc?

–¿Para qué lo quieres? –preguntó Elisabet.

–Me dijiste que querías hacer una entrevista para *Sexto Grado* al vencedor del concurso.

–Creía que deseabas mantener tu secreto.

–¡Ya no! –respondió Lucy resuelta–. Ya he tenido suficientes secretos para el resto de mi vida.

160

–¿Quién ganó el concurso? –preguntó Jessica.

–¿No lo sabes? –preguntó Elisabet sorprendida.

–Me perdí el final. Ellen nos persiguió por todo el campo hasta que se quedó sin aliento y nos dejó.

Elisabet soltó unas risitas divertidas.

–Ganó Lucy.

–Me alegro –declaró Jessica, dirigiéndose hacia la puerta.

–¿Dónde vas, Jess?

Jessica sonrió.

–Al Acuario, claro. Es la hora de la cena de Bigotes.

–Pero creía...

–El doctor Robinson me ha llamado hace unos minutos. Bigotes se ha despertado y se ha bebido dos biberones enteros. ¡Y quiere más!

–¡Jessica! ¡Eso es magnífico! –exclamó Elisabet abrazando a su hermana.

–El doctor Robinson dice que si sigue comiendo así, dentro de pocas semanas podrán devolverlo a su medio. –Abrió la puerta.

–¡Espera, Jessica! ¿Puedo ir contigo? –pidió Elisabet.

–Claro que sí –asintió Jessica muy contenta–. Y ahora que ya no estás ocupada ayudando a Lucy y a Ted, quizá tendrás tiempo para ayudar en la limpieza de la playa.

–Naturalmente –accedió Elisabet–. Ya sabes que me gusta colaborar.

–Tengo un hermoso surtido de ropa grasienta para que puedas elegir la que te sienta mejor –añadió Jessica con una carcajada.

XIV

–Todos a punto. ¡Arriba! –gritó el doctor Robinson al tiempo que él, Adam y dos empleados del Acuario de Sweet Valley cogían cada uno de ellos uno de los extremos de una lona y, alzándola todos a una, sacaban a Bigotes de la parte de atrás de una camioneta. Dentro de la lona, la foca se agitaba inquieta.

Durante el mes que había pasado en el Acuario, Bigotes había crecido considerablemente y, en aquellos momentos, tenía el tamaño de un perro grande... pero diez veces más resbaladizo.

–Resiste, Bigotes –dijo Jessica, de pie a su lado–. Dentro de unos minutos estarás libre.

El doctor Robinson había situado la camioneta en la playa, al lado de las rocas donde Jessica había encontrado a la pequeña foca. Un cámara de la televisión local se disponía a registrar la vuelta al mar de Bigotes.

Jessica sonrió. Era maravilloso contemplar la playa tal y como estaba antes del vertido de petróleo. Pero aún quedaba una última cosa por hacer. En realidad, siempre había sabido que algún día la foca debería volver al mar, pero en el fondo de su corazón había esperado contra toda lógica que no ocurriera.

Había estado visitando a Bigotes casi cada día en el Acuario. Había ayudado al doctor Robinson a enseñarle a comer pescado crudo en lugar de los biberones preparados y, más tarde, cuando tuvo que aprender a cazar peces para alimentarse.

Al fin, un día, el doctor Robinson les informó que Bigotes ya estaba preparado para volver a su hábitat natural.

Ahora, el doctor Robinson, Adam y los otros dos empleados, levantaron nuevamente a Bigotes y empezaron a bajar hacia la orilla. Jessica sintió que los ojos se le nublaban.

–No te pongas triste, Jess –le murmuró Elisabet pasándole un brazo por los hombros–. Estará perfectamente.

–Ya lo sé –afirmó Jessica–. Pero, ¿y yo? ¡Seguro que no lo volveré a ver nunca más!

–No lo sabes, Jessica. Las focas siempre andan cerca de las rocas. Ahora mismo hay algunas. Quizá una de ellas es la madre de Bigotes. –Y dedicó una sonrisa tranquilizadora a su hermana–. A lo mejor se quedará nadando por aquí. Ahora que estas aguas están limpias, es un lugar estupendo para vivir.

El grupo había llegado al agua y Jessica se apresuró a unirse a ellos. Los ojos de Bigotes miraban anhelantes hacia el mar.

–¿Ves a las otras focas, Bigotes? –le preguntó Jessica–. Todas quieren ser tus amigas. –Con un esfuerzo, engulló el nudo que sentía en la garganta–. Ésa es tu casa. El ancho y limpio océano.

El doctor Robinson y Adam bajaron la lona y la sumergieron ligeramente debajo de la cresta de una ola suave. Bigotes se deslizó hacia afuera metiéndose en el agua, pero antes de alejarse, giró la cabeza y sus grandes ojos oscuros se fijaron en Jessica.

–No puedes quedarte conmigo –musitó ésta con un hilo de voz tembloroso–. ¡Has de marcharte, Bigotes!

Lentamente, la foca giró y se introdujo en la ola. Jessica se quedó contemplando como se sumergía en el agua y desaparecía de la vista. Unos minutos más tarde, al emerger su cabeza gris, las otras focas se arremolinaron inmediatamente a su alrededor como si le dieran la bienvenida.

Una ola más grande ascendió cubriendo el grupo y, al descender, Bigotes y el grupo de focas habían desaparecido.

–Adiós, Bigotes –murmuró Jessica–. ¡Buena suerte!

–¿Estás bien, Jess? –preguntó Elisabet.

–Claro que sí –afirmó Jessica, secándose una lágrima–. Ya sabes que los animales no me gustan.

¿Cuál será la sorprendente nueva afición de Jessica? Lo sabréis en el próximo número de Las Gemelas de Sweet Valley.

Las Gemelas de Sweet Valley
Escuela Superior

Las gemelas de Sweet Valley crecen contigo. Han terminado la enseñanza elemental que recibían en la Escuela Media y ya asisten a la Escuela Superior, en la que deben conseguir su graduación. No te pierdas sus aventuras, mucho más emocionantes que cualquier serie de televisión, como saben ya toda su legión de lectoras. Y en estas colecciones nos quedan muchísimos títulos más por publicar. Ahora también van a la Universidad, pero esas son para más mayores.

TÍTULOS PUBLICADOS

EL CLUB DE LAS CANGURO

Cuidar de los niños de los vecinos parece tan fácil y descansado que un grupo de cuatro amigas organiza un club para que las personas interesadas encuentren siempre alguna de ellas disponible para cuidar a sus hijos. Sin embargo, hay que ver la cantidad de imprevistos que se pueden presentar y la responsabilidad que supone superarlos con éxito para estas jovencitas.

TÍTULOS PUBLICADOS